Deepak ( P9-EDT-631

MEDITACIÓN TOTAL

Deepak Chopra, M.D., FACP, es fundador de la Fundación Chopra (una entidad sin fines de lucro para la investigación sobre el bienestar y el humanitarismo) y de Chopra Global (una empresa de salud moderna que entreteje la ciencia y la espiritualidad). Es un pionero de renombre mundial en medicina integrativa y transformación personal. Chopra es también profesor clínico de medicina familiar y salud pública en la Universidad de California en San Diego y se desempeña como científico en la organización Gallup. Es autor de más de ochenta y nueve libros traducidos a más de cuarenta y tres idiomas, incluidos numerosos *bestsellers* del *New York Times*. Su libro *Metahumano: Libera tu potencial infinito*, que fue un *bestseller* a nivel nacional, revela los secretos para ir más allá de nuestras limitaciones actuales para acceder a un campo de posibilidades infinitas. La revista *Time* ha descrito al Dr. Chopra como "uno de los 100 héroes e íconos más importantes del siglo".

MEDITACIÓN TOTAL

PRÁCTICAS PARA VIVIR
LA VIDA DESPIERTA

MEDITACIÓN TOTAL

PRÁCTICAS PARA VIVIR
LA VIDA DESPIERTA

Deepak Chopra

Traducción de Karina Simpson

Vintage Español
Una división de Penguin Random House LLC
Nueva York

Para todos aquellos que están creando
un mundo despierto

ÍNDICE

INTRODUCCIÓN
Un llamado para despertar

Querido lector:

Existen muchas buenas razones para meditar, que datan de miles de años atrás. Pero este libro no fue escrito con una mirada hacia el pasado, sino con una visión hacia delante. Yo la llamo la vida despierta. Es sinónimo de ser en la luz, encontrar gracia y librarse del dolor y el sufrimiento. Es la personificación de la verdadera felicidad. La meditación total es la llave que abre todas estas puertas.

Si puedo convencerte de que ésta es la vida para ti, lo que te está esperando es, literalmente, inimaginable. Las cosas que van a sucederte hoy, mañana y durante el resto de tu vida dejarán de caer en patrones predecibles. Cada día te brindará una experiencia de novedad y creatividad, si permites que la felicidad se revele.

Sin embargo, debemos formularnos la pregunta más básica: ¿qué hace verdaderamente feliz a una persona? ¿Una relación amorosa, una vida familiar estable, una carrera exitosa? Quizá existan tantas respuestas como personas en el mundo. Pero a pesar de nuestras viejas maneras de encontrar la felicidad, el suelo bajo nuestros pies se está moviendo. Algo nuevo, urgente y emocionante está sucediendo. Pero sólo serás parte del cambio al mirar debajo de la superficie de tu vida cotidiana.

Todos estructuran su felicidad confome un estilo de vida. Día con día tomamos decisiones individuales sobre cosas que quisiéramos hacer. Por ejemplo, ¿quieres comprar comida china para cenar? Tal vez sí, tal vez no. ¿Has revisado tu correo electrónico? Todavía no, pero lo harás. Alrededor de todas estas pequeñas elecciones cotidianas hay algo más grande: las decisiones importantes que hemos hecho con respecto a nuestro estilo de vida individual. Sólo en las últimas décadas la sociedad ha comenzado a prestar atención al hecho de que tu bienestar depende de tu estilo de vida de forma crucial.

Tienes la libertad de elegir un estilo de vida pobre que incluye tabaco, alcohol, falta de ejercicio y una dieta alta en alimentos procesados. Pero ¿realmente quieres vivir así? Hay suficiente información disponible para evitar esas elecciones imprudentes. Como resultado, se pueden tomar mejores decisiones, las cuales implican alimentos puros, mover tu cuerpo de formas benéficas y honrar al medio ambiente. Incluso podrías preguntar: ¿cuál es el estilo de vida mejor y absoluto? Ésta es una pregunta que puede cambiar tu vida y, si se toma en serio, transforma la noción misma de lo que significa ser feliz.

Cada vez más personas han tomado buenas decisiones sobre la dieta, el ejercicio, no fumar y otras más. Pero no se ha encontrado la clave para tener el *mejor* estilo de vida. No te culpes. La sociedad secular moderna tiene algunas tendencias dominantes que van en contra del bienestar verdadero y duradero. La ansiedad acecha al filo de la vida de casi todos. Las tendencias que provocan cargas de estrés en aumento incluyen:

- Un ritmo de vida cada vez más rápido.
- Una avalancha de distracciones, incluyendo el internet y los videojuegos.
- Aumento de las tasas de envejecimiento y demencia.

- Consumismo rampante, que se disemina cada vez a más países.
- Distanciamiento y desintegración de las familias.
- Una epidemia de ansiedad y depresión.
- Problemas globales como el cambio climático, el terrorismo, las pandemias y los refugiados.
- El colapso de la confianza en instituciones públicas y políticos.
- Disparidad desmedida entre ricos y pobres, junto con la disparidad racial y la injusticia.

Estos desafíos son persistentes y van en aumento. Todos los días escuchas sobre ellos o los experimentas de primera mano. Estos enormes desafíos son ineludibles, y los individuos, por más bondadosos que sean, son incapaces de resolverlos. Cualquiera de los problemas de la lista es suficiente para abrumarte si te acercas demasiado a él. Lidiar con la malaria en África, o el prospecto amenazante del Alzheimer para la generación de los *baby boomers* —elige cualquiera de estos asuntos, podrías dedicar cada hora de vigilia intentando resolverlo—. Algunas personas ya lo hacen, y aunque se están realizando grandes avances, la mayoría de nuestros problemas milenarios sigue existiendo.

Sin embargo, para la persona promedio, estas amenazas brindan un entorno de caos inquietante. No puedes meter la cabeza en la arena lo bastante profundo como para que nada de esto te afecte. La dieta, el ejercicio, la meditación y el programa de yoga más iluminados no ofrecen una solución.

Con eso en mente, me propuse encontrar el mejor estilo de vida que garantice el bienestar, a pesar de la condición caótica del mundo moderno. El mejor estilo de vida puede ser descrito en una sola palabra: *despertar*. O bien, en otras palabras, ser consciente de todo a tu alrededor. Despertar significa dedicarte a ir más allá de las rutinas cotidianas que la gente sigue, las creencias y opiniones de segunda mano que todos hemos adoptado, las expectativas a las cuales nos aferramos y la agenda del ego. Despertar tiene que ver con la conciencia superior, o bien, en otras palabras, con una conciencia más profunda. Despertar no es una meta lejana —puede ser tu realidad cotidiana, comenzando aquí y ahora.

La gente todavía no se da cuenta de la enorme importancia de ser consciente, que consiste en percibir algo que no advertías antes: te vuelves consciente de que la habitación se está poniendo demasiado caliente, así que apagas la calefacción. Te vuelves consciente de que un amigo no ha llamado tan a menudo como antes, así que le llamas para ver cómo está. Estos sencillos ejemplos ilustran lo que quiero decir. Nada puede cambiar en tu vida a menos que primero seas consciente de ello. Este hecho parece obvio en cuanto se plantea, y aun así existe profundidad, poder y posibilidades en la conciencia que rara vez la gente comprende. Lo que puedes hacer con la conciencia literalmente cambiará cada parte de tu vida.

Validamos la realidad con nuestra mente. Si nuestra mente está verdaderamente abierta y libre de confusión y conflicto, percibiremos la realidad como un campo de posibilidades ilimitadas. Si esto suena exagerado, no lo es —hemos aprendido a vivir con expectativas radicalmente limitadas—. Estamos atrapados en un nivel de conciencia que alimenta el caos y la confusión, sin importar lo bien que pensemos que va nuestra vida. Por medio de un desarrollo gradual de malos hábitos físicos, mentales, psicológicos y espirituales, a lo largo de los años nos hemos encerrado. Al estar hechas por la mente, las paredes que hemos creado son invisibles, pero fuertes, a veces impenetrables.

Para ilustrar lo anterior, imaginemos que un extraño, un observador lúcido y clarividente de la naturaleza humana, te siguiera a lo largo de todo el día de hoy. No representa una amenaza para ti, excepto porque este extraño puede leer tu mente. Así se verían sus notas:

7:30 a. m.: El sujeto se despertó, se levantó de la cama, comenzó a pensar y a planear. Actividad mental de 90%, la misma que ayer.

8:30 a. m.: Conversación en la mesa a la hora del desayuno; intercambios típicos. El sujeto sale de su casa para ir a trabajar, actividad mental en neutral.

9 a. m.: El sujeto llega al trabajo. La actividad mental cae en rutinas familiares. El sujeto espera que hoy sea más emocionante que ayer.

11 a. m.: El sujeto está inmerso en el trabajo y comienza a sentir algo de estrés por los compañeros de trabajo, el jefe y el entorno en general.

12 p. m.: El sujeto sale agradecido a tomar el almuerzo. La actividad mental se relaja conforme el sujeto anticipa que tendrá una hora placentera.

2 p. m.: Las sensaciones placenteras del almuerzo se han disipado. El sujeto se vuelca de nuevo al trabajo. Actividad mental de 80%, igual que cualquier otro día en el trabajo.

Y así continúa. Si le preguntan detalles, nuestro observador clarividente describiría qué tan seguido repites las mismas palabras y pensamientos, intercambias las mismas opiniones, evitas la misma incomodidad, y así sucesivamente, de acuerdo con un conjunto de patrones fijos de los cuales no te desvías mucho. Sería necesario un observador clarividente para discernir estos patrones fijos, porque en general nosotros no los notamos. La noticia desafortunada es que pasamos una parte considerable de nuestro día siendo robots de rutina, repetición y hábito.

¿Realmente quieres vivir así?

LO QUE NECESITAS HACER

El proceso de despertar, de prestar atención a nuestros patrones y hacer algo diferente en la vida debe volverse continuo. Tiene que convertirse en un estilo de vida, porque hay muchísimos comportamientos inconscientes en la existencia de todos, incluso cuando parece que todo funciona como queremos.

A lo largo de los años me ha dejado perplejo que la gente en realidad no está interesada en su estado de conciencia, pero he llegado a saber por qué. Lo sepamos o no, cada uno de nosotros está fascinado por la actividad de la mente, es decir, el constante flujo de deseos, miedos, anhelos, esperanzas, sueños, planes, expectativas y, para los afortunados, entendimiento, intuición e ideas creativas. En otras palabras, somos seducidos por nuestros pensamientos. Esto puede ser fascinante, distractor y a veces peligroso. En comparación, la conciencia es silenciosa e inmóvil. No implica el mismo tipo de pensamiento que la mayoría usamos todos los días. No puedes verla en movimiento ni atrapar lo que haga a continuación. Al ser uniforme y constante, la conciencia se da por hecho. Como resultado, prestamos poca atención a la conciencia, lo cual se convierte en un círculo vicioso: cuanto menos conscientes somos, menos usamos nuestro poder para dar forma a nuestra realidad personal.

En el pasado, la gente necesitaba tanta ayuda para sobrevivir que usaba la conciencia como un chaleco salvavidas en medio de una tormenta en el mar. El dolor y el sufrimiento eran la norma; tener comida suficiente era una dificultad cotidiana; la posibilidad de caer presa de la enfermedad, los accidentes y la violencia era sumamente alta. En este contexto, vemos el surgimiento de las tradiciones espirituales que florecieron en la civilización védica más antigua en India, seguida por el budismo, el judaísmo, el cristianismo y el islam. La cruda verdad es que la vida cotidiana estaba tan repleta de amenazas por todas partes que los sacerdotes, los gurús, los santos, los sabios y los avatares tenían una audiencia lista y deseosa de trascender su peligrosa existencia.

Hoy en día, buscar un escape del mundo ha disminuido de forma drástica como una motivación para la conciencia, pero el deseo de trascender todavía existe dentro de nosotros. Las prácticas espirituales más básicas se han vuelto opcionales, y nosotros elegimos nuestra práctica personal de un menú fastuoso, al igual que elegimos una entrada del menú de un restaurante. La gente a menudo reza o medita para *escapar* de las preocupaciones mundanas y encontrar algo "superior". Pero me impactó un comentario del notable monje budista vietnamita Thích Nhất Hạnh: "La meditación no es una evasión; es un encuentro sereno con la realidad". Esto es lo que necesitan escuchar las personas modernas. Necesitan un incentivo que haga de la meditación algo más que una opción en un menú.

Lograr que cualquiera adopte la vida despierta depende de mover los engranajes en formas que a muchos podrían parecerles drásticas, como lo comprende bien Thích Nhất Hạnh:

> Hacemos tantas cosas, corremos tan rápido, la situación es difícil y mucha gente dice: "No te quedes sentado, haz algo". Pero hacer más cosas a veces empeora la situación. Deberías decir: "No sólo hagas cosas, siéntate". Siéntate ahí, detente, primero sé tú mismo, y comienza a partir de ahí.

Hay una simplicidad hermosa en estas palabras, la cual me ha inspirado a escribir lo más simple posible este libro, hablando de manera informal, como le hablaría una persona a otra. Te pido a ti, lector, que tomes la misma actitud, como si estas páginas estuvieran escritas para ti, personalmente, porque lo están. En este libro quiero resaltar que sí existe el mejor estilo de vida. Es el estilo de vida despierto. Nada de tu presente que sea bueno debe ser sacrificado —el despertar expande todo aspecto de la vida buena—. Lo que en realidad está en juego es tomar la decisión de despertar, aquí y ahora. Ése es el primer paso en la dirección de un futuro que sí funciona, en vez de un presente que amenaza con vencernos. Lo que aplica a la meditación también aplica a la transformación: *Siéntate, detente, primero sé tú mismo.*

Con amor,
Deepak

MEDITACIÓN TOTAL
Un camino nuevo y mejor

1
¿Por qué meditación "total"?

Si alguien me preguntara qué debe esperar de la meditación, le respondería: "Nada y todo". La meditación implica transformación. Afecta cada aspecto de tu bienestar y puede generar cambios positivos en tu cuerpo, cambiar tu perspectiva mental, aumentar tu capacidad de tomar decisiones y eliminar la preocupación y la ansiedad. Las técnicas de meditación son numerosas —pueden llevarte a cientos de direcciones distintas—, pero en su esencia lo que buscan responder es una pregunta no tan obvia: ¿la existencia puede cuidarse a sí misma? Si la repuesta es no, entonces están justificadas todas las dificultades y la frustración que llegan a tu vida cotidiana. Crees que nada ni nadie te cuidarán, excepto tú mismo. Por eso estás bajo tanto estrés.

Sin embargo, si la respuesta es sí, una nueva vida les espera a todos. La idea de que existir —tan sólo ser aquí y ahora— puede brindar plenitud suena objetable, casi ajena. Pero no es extraño para tu cuerpo. Por su propia naturaleza, las células en tu cuerpo operan sin esfuerzo. De igual manera, tus tejidos y órganos son autosustentables sin esfuerzo alguno. Durante una vida promedio, el corazón late 1 000 millones de veces, idea que desconcierta a la mente, sobre todo si piensas en el corazón como una máquina que debe seguir bombeando sangre continuamente sin fallar. Ninguna computadora puede encenderse

1 000 millones de veces y ningún avión puede despegar 1 000 millones de veces sin el riesgo, o incluso la certeza, de una falla mecánica. Pero en la red de la vida, el corazón —por supuesto, si es que está sano— emprende labores con una falta total de dificultad. En promedio, nuestro corazón late entre 60 y 100 veces por minuto. Es fascinante cuando uno se detiene a pensar realmente en ello. Pero entonces considera el corazón de una musaraña, que late 1 000 veces por minuto, o un colibrí, que puede alcanzar hasta 1 250 latidos por minuto. El milagro es que también sus corazones trabajan sin esfuerzo.

El corazón, aunque es extraordinario, para nada es excepcional. En una persona saludable normal, la comunidad de órganos —la piel, el corazón, los pulmones, el hígado, el cerebro— permanece en equilibrio y armonía con gran facilidad. Pero conforme realizamos nuestras actividades cotidianas, rara vez experimentamos armonía sin esfuerzo, ya sea en nuestro interior o entre nosotros y los demás. Nuestras preocupaciones son un síntoma de disonancia, y si surge la depresión, ésta puede debilitar nuestra voluntad de seguir adelante. La noción de que la existencia es suficiente parece absurda. Pero podemos experimentar momentos de ecuanimidad, o incluso un periodo extendido de ecuanimidad, que en su máximo esplendor lleva al cuerpo, la mente y el espíritu a la armonía. Estos interludios sugieren que se puede lograr algo más duradero. Por eso la meditación es un viaje, y no sólo un receso de calma en medio de la rutina cotidiana.

Si podemos vivir sabiendo que la existencia en efecto puede cuidar de sí misma a nivel del individuo, se podrá añadir un elemento radicalmente nuevo a la vida moderna. Podemos vivir en un mundo en el que no haya enemigos internos, como el miedo y la ira, deambulando la mente, más allá de nuestro control. Los recuerdos dolorosos y los sentimientos inaceptables ya no serán empujados a los escondites secretos del inconsciente. Seremos removidos de ese estado de

sueño virtual que cae sobre nosotros como monotonía mental e inercia. (Si no crees que vivimos en un estado de sueño virtual, tan sólo
mira a tu alrededor los rostros inexpresivos de las personas pegadas a
sus celulares o esperando en el aeropuerto). La vida despierta es ener-
gética y plenamente consciente; borra las aflicciones que tan a menudo surgen en nuestros hábitos inconscientes.

LA MEDITACIÓN ES ABSOLUTAMENTE ÚNICA

La transformación personal es lo que provee la meditación una vez que
te embarcas en el viaje. El primer paso es darse cuenta de que la conciencia de alguna forma siempre está presente. Pensar (en esencia, juzgar) no es la naturaleza verdadera de la mente. La conciencia sí lo es. En
el trasfondo de todo lo que haces, el corazón late sin cesar. En el trasfondo de todo lo que piensas, la conciencia también observa sin cesar.
Damos por hecho a los dos, pero eso no les quita su misterio y su poder.
Una carrera de investigación puede ser dedicada a la cardiología sólo
para acercarse unos pasos más a las complejidades contenidas en una
sola célula del corazón. (Recientemente se descubrió, para el asombro
de todo mundo, que el corazón tiene 12 receptores del sabor como los
que usualmente se encuentran en la boca, y estos receptores están sin-
tonizados con mayor intensidad para el sabor amargo. No existe una
explicación razonable para ello, pero de todas formas ni siquiera sabemos cómo es que el corazón y el sistema circulatorio se las arreglan
para mantener la misma presión sanguínea en los dedos de los pies y
nuestra cabeza, a pesar de la fuerza de gravedad.)

En la historia registrada, el ser humano ha pasado milenios intentando descifrar los secretos de la mente humana. Aun así, no existe consenso sobre cómo explicar la conciencia y la capacidad de ser

conscientes de nosotros mismos y del mundo que nos rodea. No hay otra alternativa más que acceder a nuestra propia conciencia, que es donde comienza la meditación, que prácticamente es la única actividad humana que explora la mente cuando ésta no tiene pensamientos. Todo lo demás en la filosofía y la psicología, o cualquier otro campo de estudio, es acerca de los pensamientos. La conciencia precede los pensamientos, pero en la vida moderna hemos alterado tan completamente las cosas que la vida de todos está construida sobre la actividad mental, sin tener ni la más remota idea de dónde provienen los pensamientos. Es cierto que el cerebro está involucrado, pero difícilmente tiene la clave. Aunque hemos hecho grandes avances al tratar de comprender la materia gris de un kilo y medio que se encuentra dentro de nuestro cráneo, no hay nada en las células cerebrales que indique que están procesando pensamientos, sentimientos y sensaciones. Hay algunos casos médicos sorprendentes en los que la corteza cerebral de una persona, la capa delgada exterior del cerebro que es responsable del pensamiento elevado, ha sido comprimida de forma radical por la presión de los fluidos (la llamada agua en el cerebro o hidrocefalia), que comienza en la infancia, y aun así la persona creció sin un solo signo, tanto para ella como para los demás, de que la actividad mental estaba dañada. Y es más raro todavía que un tumor benigno pueda abarcar la mitad del espacio craneal o más, pero, una vez más, la persona parece no estar afectada mentalmente.

Pensamos que funcionamos bastante bien sin saber de dónde provienen los pensamientos, pero en realidad no es así. En una TED Talk fascinante que se presentó en abril de 2019, un físico teórico británico, David Deutsch, señaló que a lo largo de la historia el universo ha sido caracterizado como una zona de guerra. En las sociedades antiguas, esta guerra se visualizaba como una batalla entre el bien y el mal, lo cual se internalizó en los seres humanos como impulsos buenos y malos luchando en nuestro interior. En los tiempos modernos, la ciencia ha abandonado la vieja mitología, pero mantuvo la guerra, convirtiéndola en un conflicto entre el orden y el caos. Si esta analogía suena abstracta, podemos verla humanizada en la crisis actual del cambio climático como la lucha entre un planeta sustentable y una tierra arrasada.

Pero todos éstos son modelos mentales y han persistido por tanto tiempo, dice Deutsch, que somos víctimas de la "monotonía cósmica". Sin querer, la ciencia ha continuado la noción del Antiguo Testamento de que no hay nada nuevo bajo el sol. ¿Cuál es la solución? Deutsch propone que los seres humanos tenemos la capacidad única de dar novedad a la existencia, lo cual hacemos por medio de una comprensión nueva y más profunda. Ya que conforme nosotros despertamos, el cosmos despierta. De hecho, Deutsch cree que el despertar ya ha comenzado, después de miles de millones de años de monotonía.

La noción de que los seres humanos podemos hacer despertar al universo es muy atrevida, pero proviene de un físico, alguien que lidia primariamente con ecuaciones matemáticas, poniendo la conciencia al frente y en el centro del proceso creativo. Esto extiende una idea famosa ofrecida en la década de 1950 por el notable físico estadounidense John Archibald Wheeler, quien fue el primero que dijo que vivimos en un "universo participativo". En otras palabras, todo lo que pensamos que es real "allá afuera" depende de nuestras creencias, percepciones, observaciones, interpretaciones y expectativas "aquí dentro".

Más allá de las implicaciones cósmicas, los humanos ciertamente creamos la realidad personal, un individuo a la vez. Lo que tú haces con la "sustancia" bruta de la conciencia es único para ti. Por lo tanto, tiene mucho sentido explorar cómo opera la conciencia. Hay reglas y principios a descubrir, y lo que éstos determinan es crucial para la forma en que todos vivimos nuestra existencia.

Los principios de la conciencia

La conciencia es consciente y está despierta.
La conciencia cruza las fronteras de la mente y el cuerpo,
la materia y la mente.
La conciencia es creativa.
Una vez que crea algo, la conciencia lo mantiene en equilibrio.
La conciencia es dinámica, recurre a la energía para la acción y
el cambio.
La conciencia es total, permea todo en la existencia de forma
igualitaria.
La conciencia se organiza a sí misma, supervisa sistemas y
estructuras ordenados.
La conciencia es armónica, cada nivel de la naturaleza es una
parte del todo. Cada hilo contribuye al tapiz cósmico.

Estos principios suenan abstractos, pero gobiernan de forma invisible todo lo que piensas, dices y haces. Expresas pensamientos inteligibles, a diferencia de la "ensalada de palabras" de un esquizofrénico, porque tu habla es ordenada, organizada y regulada. Un solo recuerdo, como el de tu fiesta de seis años, debe recuperarse de áreas desperdigadas del cerebro, en las que cada recuerdo está almacenado en fragmentos. Sólo por una reconstrucción casi instantánea tienes una memoria coherente. Cuando recuerdas algo, se arma un rompecabezas en la conciencia. De igual manera, reconoces los rostros gracias a la coordinación de diversas regiones cerebrales. A un nivel todavía más básico, puedes ver un mundo de color gracias a un proceso complejo que fabrica sabiamente más de dos millones de tonos de color reconocibles a partir del rojo, el azul y el verde, que son las únicas tres longitudes de onda a las que responde tu retina.

Todo esto sucede sin que el proceso sepa nada sobre los principios de la conciencia. Las proteínas que conforman tu cuerpo ascienden a más de 100 000, quizá hasta un millón, y sin embargo cada una es diferente. Cada una realiza con precisión su trabajo singular, mientras se mueve con rapidez entre otros miles de proteínas, como partículas de polvo aleatorias, y de alguna forma misteriosa e ininteligible para la mente humana, cada una adquirió el conocimiento de lo que debía hacer.

¿Por qué todo esto es importante para la meditación? Cuando comprendas de primera mano cómo opera la conciencia, surgirán enormes beneficios. Este entendimiento es lo que hace único al despertar. Despertar no es lo mismo que pensar, y tampoco es lo mismo tener agudeza mental que estar atontado, ser inteligente que ser torpe. Despertar se trata de aprender cómo opera la conciencia y entonces aplicar sus principios. Ningún otro conocimiento es como éste, y ninguno es más valioso.

Lo que se conoce como las religiones, tradiciones espirituales y escuelas de sabiduría del mundo se han transformado en una montaña de textos y enseñanzas. Pero la conciencia demanda muy poco. Estar consciente es un estado simple. Un bebé de un día de nacido mira a su alrededor sin comprender, y sin embargo es consciente. Aunque todavía no comprende nada acerca de su vida, un recién nacido está preparado para comprender todo lo que se presentará. Muchos bebés tienen una sonrisa irresistible. Conocen la alegría antes de saber lo que es.

Más importante aún es que estar consciente te alinea con el impulso creativo en la naturaleza. Si todo en la meditación tiene que ver con la conciencia, lo que podemos lograr es prácticamente ilimitado.

MEDITACIÓN TOTAL

El tipo de meditación que propongo en este libro se llama *meditación total*, porque abraza todos los principios de la conciencia, y existe para ser comprendida y vivida. Los otros tipos de meditación que por lo regular se enseñan son diferentes, sin importar a qué escuela o tradición pertenezcan. Son meditaciones ocasionales, que se practican en cierto momento del día y con una técnica específica, antes de continuar con las actividades de costumbre. Este enfoque es como practicar el piano o tu *swing* en tenis; la esperanza es que cuanto más practiques, mejor te volverás en ello. Aunque la meditación ocasional tiene sus beneficios, por ejemplo, te puede calmar y disminuir tu frecuencia cardiaca temporalmente, está seriamente limitada. Los pocos minutos al día dedicados a la meditación no tienen el poder de superar la lluvia abrumadora de experiencias que tienes fuera de la meditación.

La brevedad de la meditación ocasional no debilita el proceso —una enorme cantidad de investigaciones valida la práctica—. No podemos culpar a la meditación por perder la batalla de cambiar la vida moderna, cuando ésta fue diseñada hace siglos en contra de la ralentización de la vida en las granjas, los templos y centrada en la familia. Sin embargo, incluso entonces, se sabía que la inmersión total en la meditación era la máxima respuesta al dolor y al sufrimiento, así como el camino hacia la libertad. La vida tradicional hindú se dividió en cuatro etapas, o *ashramas*, y la última de ellas, la cual comenzaba en la edad madura avanzada, era una especie de doble retiro. La persona se retiraba de las obligaciones del trabajo y la familia, se aislaba y se retiraba dentro de sí misma por medio de la meditación.

La inmersión total también era una opción para los pocos a quienes les era natural dicha renuncia, y que anhelaban una existencia interior en vez de una vida dedicada al trabajo y a la familia. Pero ninguno de los dos modelos se ajusta a la vida moderna de nuestro gusto recién descubierto y nuestra búsqueda generalizada de la espiritualidad personal. En este libro quiero ir aún más allá y ofrecer una especie de inmersión total que no es tradicional, o ni siquiera "espiritual" en un sentido religioso (y en el que no tienes que renunciar a tu trabajo). Como acabo de perfilarla, la meditación total es una exploración de cómo funciona la conciencia, y la meta es que apliques estos principios a tu propia vida.

Es cierto que para la mayoría de la gente, la práctica de la meditación ocasional le da una sensación de meditación total, una sensación de quietud. Sin duda, esta sensación puede ser reveladora, porque la mayor parte de las personas no cuenta con una experiencia prolongada de "mente en silencio". Aunque saben cómo se siente la paz, aun así no pueden recurrir a ella cuando lo desean. Por más placentero que sea encontrar paz y silencio interior durante la meditación, una vez que abres los ojos, ¿qué hace la mente? Regresa a la vida que conoce, un flujo constante de preocupaciones, deseos, exigencias, deberes, anhelos, esperanzas y temores. Aun así, la meditación ocasional, aunque es limitada, puede atemperarte, por así decirlo, y a menudo es el primer paso hacia la transformación en tu vida.

Mi inicio en la meditación a principios de la década de 1980 fue un punto de inflexión en mi vida. Al mirar hacia atrás, veo a un médico estresado en sus treinta, viviendo en Boston, que se va a trabajar antes de que amanezca y regresa a casa después del atardecer, y cuyo sistema nervioso crispado parecía necesitar un suministro diario de cigarros y alcohol para ser aplacado. Caí en esos hábitos porque en ese entonces todos los médicos a mi alrededor, en especial los internistas y residentes que estaban saturados de trabajo, seguían el mismo *estilo de vida*.

Después de un año de haber comenzado a tomar descansos dos veces al día para practicar una simple meditación con mantra, mis malos hábitos habían desaparecido por completo. Conocí de primera mano el cambio poderoso que podría sucederle a cualquiera. Unos años después se convirtió en mi misión enseñarle a meditar a toda la gente que pudiera. He seguido enseñando desde ese entonces y he compartido diversas técnicas. Innumerables personas han aprendido a meditar conmigo, e incluso si sólo traté a cada una de ellas brevemente, en mi corazón tuve la certeza de que la meditación transformaría su vida.

Por desgracia, más tarde me di cuenta de que había un gran hueco entre el potencial de la meditación y lo que en realidad hace. Parte del motivo de esta desconexión es que las personas sólo le dan una oportunidad a medias a la meditación. Lo intentan por un rato, y luego empiezan a saltarse la meditación diaria porque sus días están demasiado ocupados, y pronto dejan la práctica, a veces con la excusa de: "Intenté meditar, pero no funcionó". O bien, buscan un beneficio específico como disminuir la presión arterial, pero obtener resultados requiere de demasiada paciencia, comparado con tomarse una pastilla. También hay otros factores: la desaprobación de la familia y los amigos (era mucho mayor hace 30 años que ahora, pero todavía existe la posibilidad), o el temor de parecer extraño y ser aislado socialmente como alguien que deambula hacia el siguiente objeto espiritual brillante y llamativo en el mercado de lo espiritual.

EL YO DIVIDIDO

Con el tiempo me di cuenta de que el problema era mucho más profundo, no en los estilos de vida modernos, sino en el yo dividido que conduce a dichos estilos de vida. El yo dividido es algo con lo que todos vivimos. Todos los días nos ponemos diferentes sombreros, dependiendo de con quién nos relacionemos. Somos distintos en la casa que en el trabajo, con la familia que con los extraños, en nuestros pensamientos privados que en las palabras que expresamos.

La meditación es como tener todos los caballos y los hombres del rey intentando pegarle a Humpty Dumpty. Las personas pueden sentir fuerzas diferentes contendiendo dentro de sí mismas. Una simple decisión como perder dos kilos se vuelve una lucha entre las voces dentro de tu cabeza, en las que una parte representa lo que queremos hacer y la otra parte aquello por lo que no podemos lograrlo (hábito, inercia, deseos impulsivos, comportamiento compulsivo, ceder a la tentación y demás). Finalmente, las fuerzas de la división ganan y la dieta fracasa. No puedes pegarle a Humpty Dumpty si *tú* eres Humpty Dumpty. Nadie puede reparar el yo dividido de otra persona, y dado que el yo dividido está integrado de forma muy profunda, tampoco se puede reparar a sí mismo.

La mayoría de la gente no conoce los términos *yo dividido* o *yo fragmentado*, pero observa uno de sus derivados que todos conocen: nuestra fascinación colectiva por la fama. Los medios masivos nos encandilan para creer que las estrellas de cine y otras celebridades son criaturas adorables y especiales. No sólo se ven hermosas, sino que cada una de ellas tiene una vida amorosa perfecta y el tipo de estilo de vida más pleno. Por supuesto, la realidad es bastante diferente, y el otro lado de la moneda es nuestro deleite cuando leemos sobre la ruina de una celebridad debido a las drogas, el fracaso de una relación o algún tipo de escándalo. Ya es una vieja historia que la gente ansíe tener ídolos que adorar, sólo para derribarlos después.

Lo que nos da placer al venerar a las celebridades es la satisfacción del deseo. Al estar obligados a vivir con nuestros propios yo divididos, proyectamos perfección, que es la totalidad, en las celebridades. Fantaseamos con que son criaturas privilegiadas que están exentas de la realidad. En nuestra propia vida hay altas y bajas constantes, largos periodos de aburrimiento, rutina interminable y la persistencia de malos hábitos que no podemos soltar. La satisfacción del deseo en realidad no ayuda cuando debes enfrentar tu propia vida. El viaje de la meditación total sí puede hacerlo.

El yo dividido y fragmentado no puede llevar a cabo su propia sanación. Seguirá enfrentando altas y bajas, contradicciones internas, confusión y conflicto. Si te miras con honestidad, los defectos que ves hoy probablemente han existido durante años. Si hoy estás ansioso y deprimido, es muy poco probable que sea la primera vez que estás así. Si cedes a un mal hábito como comer de más, ese hábito tiene una historia de acciones y decisiones. Si tienes tendencias psicológicas negativas, como poca paciencia, o ceder demasiado ante los demás o pensarte a ti mismo como una víctima, esos rasgos también tienen una historia. El ímpetu de la vida continúa en movimiento porque cuando intentas luchar en contra de un hábito arraigado, la batalla es entre dos aspectos del yo dividido. El aspecto que quiere cambiar se enfrenta con el aspecto que neciamente se niega a cambiar. El resultado típico es que no gana ninguno de los dos, y el enfrentamiento continúa.

El entusiasmo que sentí al principio por la meditación —y el cual incontables personas también han sentido cuando comenzaron a meditar— provino al descubrir que dentro de cada uno de nosotros hay un lugar que está libre del yo dividido. La paz interior y el silencio son buenas experiencias, pero su verdadera importancia yace en escapar del conflicto interno, la confusión, el miedo, la depresión, las preocupaciones y la duda de uno mismo. Con un poco de práctica, cualquiera puede encontrar este lugar en su interior, ir ahí y tener la experiencia de un yo que está completo y sin conflictos. Lograr que esa experiencia dure es otro asunto.

DESPERTAR, AQUÍ Y AHORA

La cuestión no es si la meditación te puede llevar más allá del yo dividido; sin duda puede hacerlo. La cuestión es cómo sanar el yo dividido, porque en el momento en que abres los ojos al finalizar una meditación, el yo dividido regresa a lo suyo como siempre. Por como son las cosas, la única solución al problema es la repetición. Si sigues meditando día tras día, año tras año, todo se solucionará. "Apégate a ello" es un buen consejo, y la promesa que contiene —que un día estarás completo— es válida en pocos casos. La tradición de la meditación tiene miles de años de antigüedad en Oriente, y existen incontables registros de personas que han despertado, se han vuelto iluminadas, han encontrado la totalidad, han alcanzado la conciencia unitaria, llámalo como tú quieras.

Despertar es un fenómeno real, y a menudo sucede de forma bastante impredecible. En *Walden*, Thoreau escribe acerca de "el hombre solitario empleado en una granja en las afueras de Concord, que tuvo su segundo nacimiento". (Esta frase de *segundo nacimiento* se remonta a la India védica de hace muchos siglos.) La estancia de Thoreau en Walden Pond fue un símbolo del viaje interior hacia el despertar, que es la meta y el resultado natural de la meditación. Expresó la sensación de atemporalidad y vastedad de la experiencia al escribir: "Zoroastro, hace miles de años, transitó el mismo camino y tuvo la misma experiencia, pero él, que era sabio, supo que era universal".

En Walden Pond el invierno era brutalmente frío, y Thoreau experimentó condiciones apenas menos severas que el yogui proverbial que se sienta en una cueva de los Himalayas, situada a gran altitud. Esa imagen de adversidad y privación fue reforzada por la noción, ahora tercamente arraigada en todas las culturas, de que dedicarse a la meditación es una tarea ardua. Junto con las adversidades físicas, algunos de los demás requerimientos suenan muy desagradables. Van desde la renuncia a lo mundano hasta la mortificación de la carne, el aislamiento de la sociedad y, la exigencia más extrema, una voluntad de ser martirizado en el nombre de Dios (sacrificio al cual le sigue despertar en el cielo y obtener una recompensa bendita).

El efecto general de estas nociones arraigadas ha sido desalentar a la gente a considerar que la conciencia superior puede estar al alcance de cualquier persona en la vida cotidiana. Sin embargo, despertar es raro sólo porque lo etiquetamos así. La sociedad diferencia a quienes se han vuelto iluminados, a quienes son santos o espiritualmente avanzados, como quieras decirlo. Pero la marginalidad no es lo mismo que el rechazo. En una era de fe, estas personalidades eran diferenciadas para ser veneradas. Ahora, cuando la fe en un poder superior se ha vuelto más sospechosa, es más probable que estos individuos sean vistos como ajenos a la vida normal, para ser admirados, menospreciados u olvidados.

Con esto en mente, busqué una forma de lograr que el despertar sea parte de la vida normal. Antes que nada, la *meditación total debía ser natural y sin esfuerzo* porque, de lo contrario, seguirá siendo insuficiente. Un camino que exija meses y años de repetición usando una técnica fija está lejos de ser natural o sin esfuerzo. Muchas personas que comienzan la práctica se preguntan si están meditando de forma correcta. A muchos otros todo este asunto les parece ajeno a la manera en que viven —el hogar atareado promedio no tiene mucho en común con un monasterio, un templo o un *ashram*—. Pero el proceso que nos acerca a la mente en silencio y la paz interior puede ser más simple de lo que la mayoría creemos. Tenemos vislumbres de una mente en silencio en la presencia de grandes obras de arte y de música. Experimentamos la paz interior (con suerte) cada noche cuando nos quedamos dormidos después de un día placentero y sin problemas (si nosotros no lo experimentamos, todos los niños pequeños sí). Estos destellos suceden naturalmente y sin esfuerzo.

Además de ser natural y sin esfuerzo, *la meditación total debe ser espontánea.* Debe suceder en el momento presente, tan espontáneamente como un estallido inesperado de alegría o como sentirse conmovido por un atardecer hermoso. De esa forma, despertar puede fluir aquí y ahora, fusionándose con cualquier cosa que estés haciendo.

Finalmente, *la meditación total debe estar alineada con los principales deseos de cada persona.* Es natural querer más de la vida, pero por desgracia el enfoque espiritual que rodea la meditación en muchos aspectos condena el deseo. Por miles de años, se decía que los deseos, en particular los carnales, rebajaban a los humanos al nivel de los animales. Supuestamente, los deseos mundanos nos llevan a la búsqueda interminable de cosas externas, como el dinero y el éxito. Supuestamente, sucumbir a nuestras pasiones debilita la moralidad. Lo que brinda un disfrute a corto plazo supuestamente no otorga felicidad duradera. Estos argumentos son conocidos, pero el deseo en sí mismo no es algo malo.

No podemos escapar del deseo y no deberían decirnos que debemos hacerlo. La vida se desenvuelve a través del deseo en todas las formas, y limitarnos a los deseos más elevados, como el de alcanzar a Dios, no tiene éxito en la práctica. Inevitablemente, los llamados deseos más bajos son parte de la experiencia humana. Rechazarlos sólo refuerza el yo dividido.

Si estos tres requerimientos se cumplen —si despertar es natural y sin esfuerzo, espontáneo y alineado con nuestros deseos personales—, entonces el yo dividido puede llegar a su fin. Me tomará todo este libro para sustentar esta afirmación, porque al mirar alrededor, nadie de nosotros puede ver a alguien que sea completo e indivisible. No podemos ser culpados por asumir que no hay escapatoria. La naturaleza humana simplemente es lo que siempre ha sido. Pero también el despertar siempre ha existido, y cuando sucede, la conciencia realiza la sanación que el yo dividido no puede lograr por sí mismo.

MEDITACIÓN TOTAL

Lección 1: Estar consciente

En este libro aprenderás a expandir tu conciencia, hacerla más profunda y, finalmente, despertar a una nueva realidad. Para hacer todo esto debes comprender con firmeza lo que es la conciencia. Para empezar, la conciencia es una experiencia, la más básica posible. Si de pronto te vuelves consciente de que la lluvia está cayendo, la conciencia experimenta un cambio. Si estás sentado en calma con los ojos cerrados y te sientes en paz, la conciencia experimenta la quietud del no cambio. La vida puede cambiar, y a veces no cambia, pero la conciencia se da cuenta de todo.

Aquí hay algunas formas para hacerte consciente de la conciencia:

- Deja a un lado este libro y escucha cualquier sonido a tu alrededor. Al escuchar el sonido, sabes que estás presente aquí y ahora. Cuando ves, tocas, pruebas o hueles algo, también sabes que existes aquí y ahora. Saber que estás presente es conciencia.

  Ahora aleja tu atención del sonido e ignóralo. Todavía estás presente, aunque ignores los cinco sentidos. La conciencia es más básica que las imágenes, sonidos, sabores, texturas u olores. Nuestros sentidos llenan la mente de contenido, pero la conciencia no necesita contenido. Simplemente estar aquí es el estado fundamental de la conciencia.

- Mira este libro y después cierra los ojos y obsérvalo en tu imaginación. Piensa en la palabra *libro* y después pronúnciala en voz alta. ¿Qué tienen en común estas cuatro experiencias? Fueron experiencias en la conciencia. Las palabras, los pensamientos y las imágenes cambian constantemente, pero el medio que las registra no cambia: esto es la conciencia.
- Siéntate inmóvil por un momento y pon tu mente en blanco. Pronto ese vacío se convertirá en pensamiento, imagen o sensación. Cuando esto suceda vuelve a poner tu mente en blanco. Observa cómo ese vacío es reemplazado por un nuevo pensamiento, imagen o sensación. Pero no importa si tu mente está vacía o contiene algo, tú siempre estás ahí. Tienes un sentido de ti mismo que existe, sin importar lo que esté o no sucediendo. Este sentido de ti mismo es la conciencia.

LA CONCIENCIA TOTAL Y TÚ

Ahora que he delineado la meta y la estructura de la meditación total, profundicemos en la pregunta con la que abrí este capítulo, una pregunta subyacente en todo: ¿la existencia puede cuidar de sí misma? La respuesta es sí, la conciencia sostiene la creación. En este momento, y en todo momento desde que naciste, estás rodeado por la inteligencia infinita y el poder creativo de la conciencia. Sé que al principio puede ser un poco difícil comprender estos principios, pero quédate conmigo, porque son importantes para entrar en la meditación total.

Si la naturaleza tiene un secreto que hace comprensible la vida en la Tierra, es éste: la vida es conciencia. Tú ya sabes que *tienes* conciencia. Sin ella serías un autómata. Los principios que sigue la conciencia lo permean todo. Es equivocado creer, como muchos científicos asumen en automático, que la conciencia no apareció sino hasta que evolucionó el cerebro humano. Las formas de vida más básicas siguen los principios de la conciencia al organizarse a sí mismas y saber con exactitud cómo permanecer vivas. Estos principios son válidos, incluso en las formas de vida que consideramos totalmente primitivas.

En 1973 una mujer en Texas observó una peculiar masa informe que había brotado en su jardín, así como los "anillos de hadas", brotes repentinos de setas venenosas, que pueden aparecer de la noche a la mañana. Pero la masa informe no era una seta venenosa ni algo que la mujer pudiera reconocer.

Consultaron a los biólogos, y aunque la masa informe amarilla murió pronto, fue identificada como una especie de moho de fango, una forma de vida que data de al menos 1 000 millones de años. Hubo una oleada de publicidad alrededor de esta nueva variedad, llamada *Physarum polycephalum*, pero después fue olvidada hasta octubre de 2019, cuando el Zoológico de París anunció que exhibiría la masa informe como su fenómeno más extraordinario. Como lo reportó CNN, la masa informe:

> es amarilla brillante, puede arrastrarse a una velocidad de cuatro centímetros por hora, aunque no tiene cerebro puede resolver problemas, y puede sanarse a sí misma si es cortada en dos. No es una planta, ni un animal, ni un hongo… No tiene dos sexos, masculino y femenino, sino que tiene 720. Puede dividirse en diferentes organismos y puede fusionarse de nuevo en una sola pieza.

Como una extraña curiosidad biológica, el *Physarum polycephalum* creó sensación, pero aquí hay un misterio más profundo a considerar. Los mohos de fango son formas de vida increíblemente básicas. Existen 900 especies, clasificadas anteriormente como hongos, pero ahora tienen su propio reino organizado de forma vaga. No existe una conexión real entre las especies, excepto que pueden funcionar como organismos unicelulares o aglomerados en una gran comunidad. En una parte de su ciclo vital tienen la apariencia de moho gelatinoso.

El misterio es cómo una forma de vida, que es poco más compleja que la capa de algas verdes flotando en un estanque, puede ser inteligente. Cuando un estudio del prestigioso *Proceedings of the Royal Society* anunció que la masa informe amarilla podía resolver problemas, los investigadores se referían a que ésta podía evadir sustancias nocivas y recordar hasta por un año que lo eran. La masa informe también parecía ser capaz de encontrar la ruta más rápida para escapar de un laberinto. Sin mencionar que el moho de fango, que se desarrolla en el suelo húmedo de los bosques, es casi inmortal. Al enfrentarse con sus únicos enemigos, la luz y la sequía, puede hibernar durante varios años y volver a la vida después.

Esto es ciertamente un ejemplo de cómo la existencia cuida de sí misma, lo cual se demuestra en cómo la masa informe amarilla exhibe cualidades de la conciencia. Además de organizarse y sustentarse a sí misma, se adapta a sus entornos, sabe cómo evitar toxinas que la amenazan y resuelve problemas.

Todo lo anterior no es un misterio si aceptas que la conciencia es parte de la existencia. Las dos van juntas porque deben hacerlo, de acuerdo con todo lo que observamos acerca de la vida. Si la existencia fuera un vacío, una *tabula rasa*, no habría una fuerza física con la capacidad de crear conciencia. El vacío está muerto. La conciencia está viva. No puedes convertir la falta de vida en vida, y aun así la vida apareció. Entonces, la conclusión obvia es que la vida fue generada en el campo de la conciencia, que ya está vivo, pero es invisible hasta que la conciencia tome forma física.

Aquí no necesitamos preocuparnos por el lado metafísico del debate. Nuestro proyecto es más práctico: probar si una hipótesis es verdad —en este caso, la hipótesis de que la existencia puede cuidarnos sin esfuerzo, de forma natural y espontánea—. La meditación total busca demostrar que, a pesar del yo dividido y todos los problemas que ha creado, la conciencia no ha abandonado a los seres humanos. Nos da la capacidad de cuidar de nuestra propia vida sin esfuerzo, haciendo lo que toda forma de vida concibe, incluyendo a la masa informe amarilla: confiar en los principios de la conciencia. La única diferencia es que tenemos la opción de alinearnos con estos principios o no hacerlo. Sin embargo, la mayoría de la gente evade esta decisión. Lo peor que ha provocado el yo dividido ha sido desconectarnos de nuestra fuente y después convencernos de que esta desconexión es normal.

EL CAMINO DE REGRESO

Cualquier meditación viable te dará la experiencia de la conciencia silenciosa, pero a menudo la experiencia es temporal y no muy profunda. Puedes cerrar los ojos, sentarte inmóvil y llegar a una experiencia similar (suponiendo que no estés agitado o estresado desde antes). Lo que hace que la meditación sea diferente de simplemente cerrar los ojos, es la capacidad de llevarte más profundo a la conciencia silenciosa. En sánscrito esta experiencia se conoce como *samadhi*. Los yoguis que pueden sentarse en un profundo samadhi son capaces de hacer cosas extraordinarias, como disminuir su ritmo cardiaco y reducir su consumo de oxígeno al mínimo. Incluso son capaces de elevar la temperatura interna de su cuerpo al grado de que pueden sentarse en una superficie gélida, desnudos o con una túnica delgada de seda, sin sufrir daño alguno.

Como experiencia personal, el samadhi nos muestra la diferencia entre el silencio superficial y el silencio profundo. Pero en el silencio superficial todavía pueden suceder algunas cosas importantes. Por ejemplo, se descubrió hace poco que tan sólo con cerrar los ojos y respirar lenta y regularmente puedes superar el estrés. Esta técnica, conocida como respiración vagal, representa un gran avance debido a su simplicidad y eficacia. He hablado sobre la respiración vagal en mis libros anteriores, pero vale la pena repetirlo aquí.

La respiración vagal se llama así por el nervio vago, el más largo y más complejo de 10 nervios craneales que conectan el cerebro con el resto del cuerpo. La palabra latina *vagus* significa "vagabundo", y el nervio vago ciertamente vaga. Conecta el cerebro con el corazón, los pulmones, el abdomen, todas las áreas que son altamente sensibles al estrés. El nervio vago también es un nervio aferente, o sensible, lo que significa que transmite sensaciones corporales al cerebro, incluyendo reacciones asociadas al estrés. Entonces el cerebro envía señales en respuesta, estableciendo un ciclo de retroalimentación constante. Cuando estás en una situación estresante, tu frecuencia cardiaca se eleva, respiras de forma irregular y superficial, y sientes opresión en el estómago y los intestinos.

Este circuito de estrés ha sido mapeado y comprendido desde hace mucho tiempo, pero también debía ser comprendido en reversa, es decir, el circuito de la reducción del estrés. Al estudiar cómo funciona la meditación en términos físicos, los investigadores siguieron las pistas que dejaba la respiración. Por ejemplo, la llamada respiración yogui consiste en ejercicios que controlan la respiración, volviéndola más regular, más lenta y más profunda. Resulta que la respiración regular y relajada está controlada por el nervio vago, con su conexión directa al cerebro, el corazón y los pulmones. Al estimular el nervio vago, puedes inducir la respuesta de la relajación. Este descubrimiento derivó en la práctica de respiración vagal que ha sido difundida ampliamente, que es una forma bastante simple de estimular el nervio vago.

Respiración vagal
Un remedio eficaz en situaciones estresantes

Paso 1: Siéntate en silencio con los ojos cerrados.

Paso 2: Inhala suavemente en una cuenta de cuatro.

Paso 3: Exhala a la cuenta de cuatro, después haz una pausa a la cuenta de uno.

Paso 4: Repite durante cinco minutos.

Debido a la simplicidad total de la respiración vagal, no sólo ayuda a aliviar el estrés sino también a manejar el enojo y la ansiedad. Las investigaciones médicas también están explorando el uso de la estimulación eléctrica del nervio vago en el tratamiento de diversas enfermedades psicológicas y físicas. Mi coautor, el doctor Rudolph E. Tanzi de la Escuela de Medicina de Harvard, y yo reportamos las posibilidades en nuestro libro *Sánate a ti mismo*:

Desde el punto de vista de la medicina convencional resulta alucinante la amplitud de los posibles beneficios de la estimulación del nervio vago (ENV). En la actualidad más de 32 trastornos están siendo estudiados y han tenido indicaciones de resultados positivos. Comienzan con la adicción al alcohol, la arritmia (fibrilación arterial) y autismo, en una terrible galería de enfermedades físicas y psicológicas: cardiopatía, trastornos del estado de ánimo como la depresión y la ansiedad, una variedad de enfermedades intestinales, adicciones y quizá también pérdida de memoria y Alzheimer.

Las posibilidades de semejante investigación se están desarrollando con rapidez, pero lo importante para nosotros aquí es que la investigación médica ha demostrado que el estado meditativo es natural y espontáneo. Si es tan fácil acceder al silencio superficial, el silencio más profundo del samadhi debería ser igual de natural y accesible.

El nervio "vago" no sólo lleva señales a todo el cuerpo, sino que transporta conciencia. El hecho de que un solo nervio craneal tenga efectos holísticos indica la forma total en que la conciencia permea en la mente y el cuerpo. No hay solamente una conexión mente-cuerpo. La totalidad de la conciencia está trabajando, y por eso funcionará la meditación total. No estás arreglando una cosa a la vez. Te reconectas a la totalidad de la conciencia. Así, conforme la meditación se desenvuelve, te pruebas a ti mismo que la existencia puede cuidarte.

La conciencia se da sin reservas. La partícula más diminuta de vida en la Tierra apareció hace 4 000 millones de años, era más primitiva que una bacteria. No tenía ADN. Ni siquiera era una criatura unicelular como una amiba. Pero así como un óvulo fertilizado en el vientre contiene la estructura entera de un ser humano dentro, los primeros signos de vida primordial eran productos de conciencia total e infinita. (Tal vez deberíamos dejar de dar una fecha a los orígenes de la vida. El laureado con el premio Nobel de Física Brian Josephson escribió: "La materia está viva y puede tomar decisiones", lo cual suena como la declaración de un místico. De hecho, la capacidad que tienen los átomos de comportarse fuera de las predicciones de las leyes fijas ha sido un misterio por más de un siglo, desde el advenimiento de la física cuántica.)

MEDITACIÓN TOTAL

Lección 2: No "aquí dentro", No "allá afuera"

Pensamos que es natural dividir las experiencias mentales "aquí adentro" de las experiencias físicas "allá afuera". En aras de la conveniencia, uso esos términos aquí. Pero el mar de la conciencia lo abarca todo, sin fronteras ni limitaciones. Debido a que tú *eres* conciencia, eres libre de respetar las fronteras —estar despierto no significa que puedas caminar sobre el pasto si hay un letrero que dice que no lo hagas—, mientras que al mismo tiempo sabes que las fronteras son artificiales. No cambian tu naturaleza esencial, que es ilimitada.

Para mostrar qué tan fácil puedes cruzar la línea entre "aquí dentro" y "allá afuera", sigue este ejercicio que borra la división instantáneamente:

- Desliza la punta de tus dedos sobre una superficie con textura áspera, como una lija. Cierra los ojos de inmediato y siente la misma textura áspera a nivel mental.
- Mete la mano en agua helada, e imagina de inmediato la misma sensación helada.
- Observa una rosa roja, luego cierra los ojos y obsérvala otra vez "aquí dentro".

No hay diferencia de dónde se ubican estas experiencias. No están exclusivamente "allá afuera" o "aquí dentro", sino en la conciencia, que abarca a los dos. Si en este momento imaginas la textura de la lija, el frío del agua helada o una rosa, estas sensaciones no son tan intensas mentalmente como la sensación física. Pero piensa en lo vívido que puede ser un sueño. Las cosas que ves son tan realistas como su apariencia física. Lo mismo sucede con los sonidos que se escuchan en los sueños. Incluso una pequeña proporción de personas puede ir más allá de la vista y el oído, y es capaz de oler, degustar y tocar en sus sueños. Pero no es necesario ir tan lejos. La realidad producida en los sueños es tan real para ti como cualquier experiencia "allá afuera", porque los sueños tienen la misma base en la conciencia. (Si no estás convencido de esto, recuerda algún momento en el que te hayas despertado sobresaltado por una pesadilla. Si no fue una experiencia real, ¿entonces por qué despertaste con pánico?)

* * *

La vida siempre sabe qué hacer, aunque nosotros dudemos de saberlo. Nadie tuvo que enseñarle a tu corazón cómo latir. Las humildes células de la piel llevan a cabo procesos tan complejos como los de las células cerebrales. Los glóbulos rojos, las únicas células de tu cuerpo que carecen de ADN, son regulados para saber a dónde llevar su carga de oxígeno y cuándo descargarla. ¿De dónde proviene este conocimiento? En la escuela de medicina se identifica al cerebro como la sede de la conciencia, suposición que se ha difundido en toda la sociedad como conocimiento común, pero es totalmente incorrecto, una noción equivocada originada en la soberbia.

Abandonemos toda la creencia equivocada que limita la conciencia a la mente pensante, y en cambio asignémosla a todo en la naturaleza. Permíteme presentar un excelente ejemplo de cómo la conciencia sostiene la vida por completo. Puedes considerar este ejemplo como una digresión del tema de la meditación, pero me parece demasiado fascinante y no puedo resistirme.

Voy a describir un milagro de la naturaleza, el cual comienza con una pequeña ave marina australiana conocida como petrel de Gould (*Pterodroma leucoptera*). Esta ave es anodina —es de unos 25 centímetros de largo, de color café y gris en la parte superior y blanco en la parte inferior—, pero su ciclo de vida es tan asombroso que desafía ser explicado de forma racional.

En la costa este de Australia se encuentra la isla Cabbage Tree, nombrada así por una especie de palmera que la cubre (árbol de la col). Cuando un polluelo gris y peludo nace, un par de petreles de Gould comienzan a alimentarlo saliendo al mar y regresando con el buche lleno, quienes regurgitan pescado en la boca bien abierta del pequeño. Este ritual sucede todas las noches durante tres meses. Entonces una noche los padres ave no regresan. El polluelo espera. Sus padres no aparecen, noche tras noche. El polluelo comienza a pasar hambre.

Pero en vez de morir de inanición, el polluelo se motiva a salir de su situación. Los petreles de Gould hacen sus nidos en el suelo en grietas de las rocas cubiertas con ramas de palmeras caídas. El polluelo mira desde adentro y luego se aventura hasta la base de un árbol de la col. Nunca antes ha volado, pero de alguna manera el polluelo sabe que el vuelo es su único escape.

Como los albatros y otras aves marinas que son torpes en tierra, un petrel de Gould no puede despegar a menos que lo ayude una brisa, y el suelo forestal de la isla Cabbage Tree está inmóvil. Entonces el polluelo decide trepar a la cima del árbol para lanzarse al aire desde ahí. Nadie le enseña el camino al ave bebé, y nunca ha realizado esta hazaña. Pero sube, usando sus garras curvas y el pico para ascender, deteniéndose para descansar cuando lo necesita, envolviendo sus alas alrededor del tronco. Debilitado por el hambre, el polluelo sólo tiene una oportunidad de trepar el árbol. Si cae, muere.

Una vez que el polluelo logra su ascenso, sus peligros no han terminado del todo porque la corona del árbol de la col tiene espinas filosas y puntiagudas en las cuales la pequeña ave puede quedar atrapada. Si logra superar esta trampa, se lanza al aire, otro momento de vida o muerte. El viento debe favorecer al ave, y ésta debe usar sus alas para volar y no caer de vuelta al suelo, lo cual sería fatal.

Si el polluelo logra montar la brisa, entonces comienza la parte más extraordinaria de la historia. Durante los siguientes cinco o seis años un petrel de Gould no vuelve a ver tierra. Constantemente volando y alimentándose de la superficie del océano, los petreles de Gould duermen quizá unos 40 minutos por noche, alternando los lados del cerebro para que estén dormidos o despiertos... ¡en pleno vuelo! Finalmente regresan de sus viajes por todo el mar de Tasmania hasta el mismo punto de la isla donde nacieron, una isla más pequeña que un punto en una hoja de papel. Ahí se aparean y su ciclo de vida comienza otra vez.

Reflexiona sobre los misterios coincidentes involucrados en esta subespecie de ave. Los naturalistas pueden observar al petrel de Gould y describir su comportamiento, pero cada paso desafía ser explicado. Lo máximo que la ciencia puede concluir en este momento es que el instinto o la genética guían al polluelo. Pero piensa en esto: el ADN sólo tiene una función, producir la mayor cantidad de proteínas y enzimas que estructuran una célula. La estructura de una célula no está viva. ¿Cómo podría el ADN decirle al petrel en su vuelo inaugural que mire hacia abajo hasta que vea diminutos calamares y peces justo por debajo de la superficie del agua y atrape a su presa, una maniobra compleja en el mejor de los casos, la cual el petrel nunca ha visto cómo se realiza?

Al instinto no le va mejor, porque debe existir una base para determinar cómo se cronometra cada paso en el primer vuelo del petrel, y la única señal involucrada es el hambre, que saca al polluelo fuera de su hueco en las rocas. ¿De dónde obtuvo el comportamiento específico de escalar una palmera, una hazaña para la cual está muy mal equipado, incluso con las garras filosas? El instinto es básicamente una forma de eludir nuestra ignorancia, porque se asignan al instinto comportamientos complejos a lo largo del reino animal afirmando que de alguna manera son intrínsecos. El cómo sucede sigue siendo un completo misterio.

Todo lo que hace un polluelo de petrel exhibe rasgos de conciencia. Tiene una intención. Sabe lo que necesita hacer. Actúa de acuerdo con un horario, y no necesita que le enseñen porque posee cada parte del conocimiento de forma innata. A menos que estas cosas estén coordinadas, cualquier paso en el camino hacia tomar el vuelo no funcionará. De hecho, toda la cadena de comportamientos debe existir para evitar consecuencias fatales en cada paso. Incluso el hecho de que un polluelo de petrel se atasque de comida hasta pesar un tercio más que sus padres lo prepara para la hambruna cuando éstos una noche misteriosamente dejan de regresar. Entonces el petrel debe subsistir con la grasa de su cuerpo por dos semanas. Lo que parece innegable es que esta ave no sabe una cosa o la otra. Sabe todo lo necesario para su existencia. La única explicación viable del intrincado comportamiento del petrel de Gould yace más allá del instinto y los genes, solamente en la conciencia. La conciencia se expresa a sí misma de formas inteligentes, ordenadas y creativas. El resultado es que la existencia puede cuidarse a sí misma y, por extensión, a nosotros.

MEDITACIÓN TOTAL

Lección 3: Conocimiento interior

La mente de un niño de dos años es activa y curiosa, con hambre de conocer todo lo que sucede a su alrededor. Desde este inicio crecemos y conocemos todo tipo de cosas. Éstas se compilan en nuestra fuente personal de conocimiento, ya sea que esto implique hablar francés o aprender a patinar. Pero el conocimiento no es lo mismo que saber, que viene primero. Hay un estado de conocimiento interior que todos tenemos. Es innato. No puedes ser consciente sin él. En la meditación profundizamos nuestro conocimiento interior, pero primero tenemos que reconocer lo que es conocer.

Aquí hay algunas formas para hacerte consciente del conocimiento interior.

- Di en voz alta la siguiente oración: "Él fue a la sierra a recoger su sierra y a saber cuándo cierra la temporada de caza". De inmediato sabes por fonética que estas tres palabras con el mismo sonido significan tres diferentes cosas. No tuviste que ordenarlas de forma separada. En cambio, posees un saber interno silencioso que funciona al instante.

- Una mujer llevaba dos horas esperando en la sala de emergencias de un hospital, y nadie la había atendido. Desesperada, va con las enfermeras y dice: "He estado esperando durante dos horas. ¿Cuántos médicos trabajan aquí?". La enfermera a cargo levanta la vista y dice: "Como la mitad". ¿Por qué esto es chistoso? Porque sabes que es un chiste cuando lo escuchas. No hay una necesidad mental de resolverlo. El humor golpea al instante, al igual que el conocimiento interior.

- Mira alrededor de la habitación y observa las cosas que hay en ella —muebles, tapetes en el piso, pinturas en la pared, tal vez otra persona—. Reconoces lo que todo eso es, una cualidad básica del conocimiento interior. Pero ahora experimenta la habitación de forma distinta. Vuelve a mirar y solamente observa los colores de todas las cosas. ¿Cómo sabes que ese color siquiera existe? Éste es un conocimiento interior más profundo. Está integrado en la conciencia humana a tal grado que puedes diferenciar hasta dos millones de tonos distintos de color. Pero la existencia del color por sí mismo proviene de un conocimiento interior que no puede ser dicho con palabras, y no necesita ser dicho. Tú sabes el color de forma innata, no por leer acerca de él o porque alguien más te lo enseñó.

Tu retina es bombardeada físicamente por fotones, dando lugar a los mecanismos de la vista. La información química codificada comienza a correr a través de los nervios ópticos que van desde el ojo hasta el cerebro. Pero la información no tiene color en ellos, porque los fotones y las señales nerviosas carecen de él. El color sólo se conoce en la conciencia. Así es como la cualidad del saber está insertada en la existencia. Tú no podrías estar aquí sin saber, el cual no sólo se aplica al color sino a los cinco sentidos.

* * *

Por siglos hemos lamentado la condición humana, es decir, las características complejas y en conflicto de quienes somos, pero hay una visión contraria que ofrece una solución. Considera la conciencia total como una realidad que permea la vida humana tan completamente como lo permea todo en la naturaleza, pero con una diferencia. Podemos controlarla. La conciencia total no es una fuerza externa a nosotros que actúa como un titiritero maestro que nos mueve con hilos invisibles. Gracias al libre albedrío, hace mucho el *Homo sapiens* cortó los hilos. Desarrollamos nuestro potencial de acuerdo con nuestros propios deseos. Tenemos aspiraciones, las cuales no puede afirmar tener ninguna otra criatura viva.

Nadie nos echó del orden natural. Nosotros saltamos por decisión propia. Nosotros decidimos, y con la libertad que ambicionamos, las civilizaciones tienen su auge y su caída. Pero la aspiración máxima sobrevive a la caída de los imperios. Se trata de la aspiración a experimentar la conciencia total y la transformación que ésta conlleva. ¿Es posible entrar a la conciencia que gobierna el cosmos y la partícula más pequeña de vida? La respuesta es sí, pero nos tomará todo un capítulo para desentrañar lo que este "sí" realmente significa.

2

Tu vida es tu meditación

La meditación nos da acceso a la conciencia superior. Ésta puede llamarse de varias formas: conciencia pura, conciencia cósmica o iluminación. (Todos estos nombres suenan un poco falsos, y hablaré de eso en un momento. Los nombres le restan la magia, y hay tanta magia en la conciencia que nunca debemos perderla de vista.)

Desde hace miles de años la meditación ha adquirido una reputación mística porque pareciera que el portal a la conciencia superior está cerrado para la mente cotidiana. En este libro estoy proponiendo una reconsideración radical. La meditación no es algo de otro mundo. Es bastante natural. De hecho, todos nosotros hemos estado meditando desde que nacimos. Cada uno de nosotros ha experimentado, en un momento u otro, todos los estados que se pueden alcanzar con las técnicas que enseñan los maestros de meditación. Esto debe ser verdad, porque si la meditación no reflejara lo que la mente ya está haciendo, no podría ser enseñada. Ni siquiera podría existir. Las matemáticas superiores no son místicas, porque los números se usan en todo. La cocina exquisita no es de otro mundo porque (casi) todo mundo puede hervir un huevo.

Si puedes asir la esencia de una cosa, todo lo demás es simplemente más complicado. La esencia de las matemáticas y la cocina no cambia sólo porque éstas pueden ser elevadas al nivel de un arte. Lo mismo sucede con la conciencia. Tú y yo hemos pasado toda una vida entrando y saliendo del modo meditativo, como lo llamaremos aquí. Genéricamente, el modo meditativo es cualquier estado mental que mire al interior, y a lo largo de los siglos se les ha asignado nombres a estos estados mentales:

Atención plena
Búsqueda de uno mismo
Reflexión
Contemplación
Concentración
Oración
Mente en silencio
Respiración controlada
Dicha

Así como las matemáticas superiores o la alta cocina son un arte, estas prácticas pertenecen al arte de la meditación. Pero, en esencia, el modo meditativo existe en todos nosotros para un propósito básico que es totalmente necesario. Tu mente entra en modo meditativo por la necesidad de estar en balance. Todas las prácticas meditativas surgen de esta necesidad, así que debemos intentar comprenderla. Cuanto más profunda sea nuestra comprensión, más válida será la meditación total.

PERMANECER EN BALANCE

Balance es una de esas palabras que se han agotado por su uso excesivo. Además, todos los mensajes que recibimos sobre la dieta y el ejercicio balanceados, todo tipo de productos, desde vitaminas y cereales para el desayuno hasta productos para el cabello y zapatos, usan "balance" como un argumento de ventas. Pero para un fisiólogo, el balance es necesario para la vida misma.

Si llevas a tu cuerpo a estar fuera de balance al quitar la nieve de tu entrada o correr en el parque, en cuanto termines esa actividad, tu ritmo cardiaco y presión arterial, el oxígeno que usas en tus músculos y tus sistemas digestivo e inmune en automático entrarán en homeostasis, que es el estado de equilibrio cuando tu cuerpo está en descanso. Toda función corporal sabe cómo regresar a la base. La capacidad de reagruparse y volver al balance es innata en nosotros.

Bill Bryson, en su entretenido y sumamente informativo libro publicado en 2019, *The Body*, muestra lo misteriosa que es la homeostasis. De hecho, el libro se basa en la premisa de que, a pesar de las avanzadas investigaciones médicas, casi todo en el cuerpo humano sigue siendo un misterio. Por ejemplo, nadie sabe por qué tenemos hipo o por qué dormimos. O por qué somos los únicos mamíferos que no producimos nuestra propia vitamina C, o que tenemos tantas alergias o que corremos el riesgo de ahogarnos al comer y morir. Nuestra singularidad tiene extraños caminos. Los seres humanos habitamos en todo tipo de climas, desde el altiplano hasta el trópico, pero existimos dentro de un delgado margen de temperatura a nivel interno. Si elevas tu temperatura corporal medio grado centígrado comienzas a tener fiebre. Si baja un grado comienzas a sentirte con frío, y al llegar a los 35 °C comienza la hipotermia.

Tu cuerpo hace cosas extraordinarias para mantener el equilibrio a una temperatura interior de aproximadamente 36.5 °C, como Bryson lo ilustra con un experimento notable en el que un hombre corrió un maratón en una caminadora bajo condiciones controladas. La temperatura en la habitación fue reducida hasta que estuvo muy fría, muy por debajo de la temperatura de congelación, y después se aumentó poco a poco, muy por encima de la temperatura del desierto más caliente. Pero en ninguno de los casos la temperatura corporal del sujeto varió más de un solo grado centígrado. El hecho de que dos procesos enfríen y calienten el cuerpo, por medio del sudor y de los escalofríos, parece algo tan básico que nuestro equilibrio físico nos sigue pareciendo sorprendente.

Algo similar sucede en la mente, pero de forma invisible. También hay un lugar de reposo para el equilibrio mental, y cuando nos salimos de balance, nuestra mente sabe cómo volver a casa. Entramos en el modo meditativo. Este hecho ha sido corroborado de diversas formas que a primera vista no parecen estar vinculadas a la meditación. Un ejemplo perfecto de ello son las emociones. Así como con el cuerpo, todos tenemos un valor de referencia para nuestro estado de ánimo, un nivel de satisfacción al cual regresamos cuando un evento emocional termina, ya sea un acontecimiento feliz o triste. El valor de referencia de una persona puede ser muy distinto del de otra persona, y por ello prestamos atención a la gente que parece estar naturalmente feliz o naturalmente triste. No existe una explicación científica para esta disparidad. Los eventos más perturbadores no son un obstáculo. Seis meses después de un evento, el recuerdo del mismo permanecerá, pero no se quedará el estado de ánimo alterado.

Las canciones tristes de amor exageran cuando hablan de estar con el corazón roto por siempre. Una de las selecciones de rocola más populares de todos los tiempos es la interpretación que hizo Patsy Cline de la canción "Crazy", de Willie Nelson, la cual comienza así: "Loco, estoy loco por sentirme tan solo". Pero sólo espera seis meses y, para la mayoría de la gente, la "locura" pasará.

Si las emociones regresan a la base, ¿qué sucede con la mente y con todos nuestros pensamientos fortuitos y a veces salvajes?

La noción de que la mente se reequilibra a sí misma es nueva. A veces nos absorbe por completo toda la actividad que da vueltas en nuestra cabeza. Rara vez hacemos una pausa en el pensamiento para darnos cuenta de que la conciencia es un trasfondo constante. El trasfondo no es pasivo. Nos lleva de regreso al equilibrio, así como la homeostasis lleva de vuelta al cuerpo a su balance. Como la conciencia es una totalidad, es artificial marcar una distinción entre el equilibrio mental y físico —cuando te calmas después de una discusión acalorada, un susto repentino o un episodio de preocupación, tus células también se calman por el desbalance que les originó tu estado emocional.

Toda esta discusión subraya que la meditación no funcionará a menos que la mente ya tenga un mecanismo de reequilibrio. La meditación saca a la luz la conciencia desde su escondite en el trasfondo. La meditación no es un descubrimiento de los antiguos místicos orientales. Sólo profundiza y amplía lo que la mente ya hace de forma natural, de la misma forma en que un masaje largo y cálido profundiza el estado relajado al que el cuerpo regresa en la homeostasis.

Por sí mismo, el acto de reequilibrio de la mente ya es sorprendentemente efectivo. Observa durante 30 segundos una luz brillante en la habitación donde estás o en tu pantalla de la computadora, y cierra los ojos. Verás un resplandor de la retina que después empieza a desvanecerse. El resplandor desaparece por completo después de unos minutos. Pero la mente no puede darse el lujo de tener imágenes residuales de pensamientos, porque éstas oscurecerían el siguiente pensamiento. Piensa en los miles de pensamientos que pasan por tu cabeza en una semana, o incluso en un día, y cómo estás listo para recibir cada uno de ellos en forma de fotos instantáneas mentales titilantes. Toda esta operación literalmente toma lugar a la velocidad de la luz, a la velocidad de las señales eléctricas de tu cerebro.

MEDITACIÓN TOTAL

Lección 4: El punto cero

Tu mente pulsa el botón de reinicio en el instante en que registra un pensamiento. Esto es como el punto cero de la conciencia. Es casi como si la mente borrara el pensamiento para que uno nuevo pueda tomar su lugar. Pero a diferencia de la tecla de Borrar en una computadora, el punto cero de la mente está vivo, es dinámico y está listo para lo que sigue. Idealmente el punto cero es vibrante y está alerta. Tú experimentas este estado ideal cuando estás fresco, alerta, optimista y listo para la siguiente experiencia.

Sin embargo, hay veces en que el punto cero no está en verdadero reposo. En cambio, regresa a un estado cansado, aburrido, hundido en los pensamientos rutinarios y resistente al cambio. A nivel cotidiano, nos encontramos en medio de lo mejor y lo peor de lo que puede ofrecer el punto cero. No nos sentimos mentalmente flojos y fatigados, pero tampoco estamos abiertos, curiosos y frescos.

Para ilustrar lo que quiero decir, aquí hay algunas formas para observar lo que se siente cuando el punto cero de la mente es menor a lo ideal:

- Crea un ruido irritante y distractor en tu entorno, lo que podría ser subir el volumen a cierta música que no te gusta o poner en la televisión un canal con estática. Siéntate con los ojos cerrados y aclara tu mente. Observa lo difícil que es estar en silencio internamente. Es muy difícil alcanzar el punto cero, y cuando lo logras todavía te sientes irritado.

- Ahora encuentra un lugar tranquilo y reconfortante donde te sientas relajado. Cierra los ojos, inhala profundo varias veces y silencia tu mente. Observa qué fácil puedes llegar al punto cero. Aunque los pensamientos vienen y van, no están oscurecidos por la irritabilidad o la distracción.

- Experimenta con cómo se siente el punto cero en diversas situaciones: en la fila de la oficina postal, esperando a entrar a la cita con el médico, sentado en el aeropuerto debido a que se retrasó tu vuelo, escuchar a una persona que te parece aburrida, asistir a una reunión tediosa del trabajo.

Observa qué fácil se desecha el punto cero. Esto se debe a la sensibilidad inherente de la mente. Tu mente está entrenada para estar atenta y percibir una enorme cantidad de información en cada situación. Esta sensibilidad es un gran recurso, pero, al mismo tiempo, la acumulación de información —en especial si no es bienvenida— hace que a la mente le sea más difícil volver al punto cero con frescura y claridad.

Tu mente quiere reiniciarse muchas veces por minuto para mantener el pensamiento fresco, tu actitud abierta, tu estado de ánimo optimista. Éste es el diseño de la naturaleza, pero la vida moderna trabaja en contra de ella todo el tiempo. Se ha vuelto más difícil alcanzar la mente en silencio, y en una sociedad dominada por incontables distracciones y diversiones, vemos la mente en silencio como una experiencia rara. De forma errónea, muchas personas prefieren comer en un restaurante lleno de gente y ruidoso porque quieren experimentar una estimulación constante.

La mente resiste la estimulación constante, la cual nos desgastaría como un disco de vinil siendo recorrido por la aguja todo el tiempo. También por eso a veces nos "damos un espacio" si nos encontramos en una situación en la que suceden muchas cosas a nuestro alrededor. Excepto en los casos de sufrimiento interno o de estrés por factores externos, tus pensamientos volverán al punto cero sin que tú hagas nada.

ENTRAR EN MODO MEDITATIVO

La tradición de la meditación surgió para saltar desde el punto cero hacia un reino más allá de los pensamientos cotidianos. Por lo tanto, la mente en silencio no es una meta en sí misma. Es un punto de partida. En el silencio sucede todo el crecimiento en la conciencia.

Todas las principales técnicas de meditación corresponden a diversos procesos naturales que tu mente atraviesa cuando regresa al punto cero. De hecho, te estás recuperando de una especie de desbalance que te ha sacado de equilibrio temporalmente. En la meditación total, sacamos ventaja de todos los procesos naturales de la mente para abordar todos los desbalances juntos, y no sólo uno a la vez. Para ello, ayuda reconocer qué tan completo es realmente el modo meditativo natural de la mente y cuán a menudo entras en él.

La ATENCIÓN PLENA es la forma en que tu mente se recupera de la *distracción*. Vuelves al momento presente. Naturalmente, el presente es donde cada célula de tu cuerpo ya vive. También es donde la mente quiere vivir, si tú se lo permites.

Ejemplos:

- Tu teléfono celular suena mientras vas manejando. Si tienes atención plena no respondes, y mantienes tu concentración en el aquí y el ahora.
- Estás en el consultorio del doctor, preocupado por un posible problema médico. Mientras el doctor discute contigo las cosas, observas que tu mente sigue preocupada. Si tienes atención plena, te enfocas en lo que el doctor está diciendo y le formulas preguntas pertinentes.
- Estás en una cita romántica y las cosas no están funcionando de forma ideal. Notas que tu pareja posee características nada

deseables y, al mismo tiempo, te preguntas cómo te estará observando esa persona. Si tienes atención plena, alejas estas distracciones y experimentas a la otra persona de forma natural, sin dudas ni arrepentimiento.

La **BÚSQUEDA DE UNO MISMO** es la forma en que tu mente se recupera de los *hábitos*. Al preguntarte a ti mismo: "¿Por qué estoy haciendo esto?", llevas la atención consciente a una situación en la que usualmente has estado regido por el hábito, la rutina, el comportamiento obsesivo, reacciones instintivas y creencias que te paralizan. La búsqueda de ti mismo sucede cuando observas un comportamiento repetido y te preguntas al respecto.

Ejemplos:

- Te encuentras a ti mismo pidiéndole repetidamente a tu cónyuge o pareja que te ayude con una tarea de la casa, y tu petición es ignorada o respondida con una excusa tonta, como: "Lo siento, se me olvidó". Al usar la búsqueda de ti mismo, te preguntas por qué te pones en la posición de un adulto que le habla a un niño.

- Estás tentado a ordenar un postre en un restaurante, aunque estás satisfecho o estás llevando una dieta. Con la búsqueda de ti mismo, te detienes y te preguntas si eso realmente es bueno para ti. Como ya sabes que no lo es, ¿por qué repites este comportamiento?

- Te quejas todo el tiempo acerca de tu trabajo, y sólo hay periodos breves en los que las cosas van bien. Con la búsqueda de ti mismo, te preguntas por qué sigues en un trabajo que te hace infeliz y si mereces tener algo mejor.

La **REFLEXIÓN** es la forma en que tu mente se recupera de la *inconsciencia*. Consideras tu comportamiento, observas qué es autodestructivo o problemático con respecto a él, y te das cuenta de lo que en realidad está sucediendo. La mente es naturalmente reflexiva cuando piensa acerca de sí misma.

Ejemplos:

- Alguien en el trabajo te irrita. Ya te estás hartando, pero al parecer tus colegas no tienen el mismo problema con esta persona. Así que en vez de enfocarte en el estrés que esta persona te provoca, reflexionas si tú le estás generando estrés.
- Te consideras un padre o madre amoroso, pero vigilante. Recientemente tu hija adolescente se ha vuelto distante y reservada sobre sus actividades. Tú reflexionas si has estado encima de ella o si ella está actuando como una adolescente normal luchando por encontrar los límites adecuados.
- Tu cónyuge o pareja ha perdido el deseo de mantener la vida sexual que antes disfrutaban. Tus amigos llegan a la conclusión de que tu pareja tiene un amorío, mientras que privadamente a ti te preocupa que ya no seas deseable o atractivo como antes. En la reflexión abandonas esas suposiciones y decides realizar cambios en tu vida amorosa que los van a satisfacer a ti y a tu pareja. Si eso no funciona, reflexionarás sobre qué hacer.

La **CONTEMPLACIÓN** es la forma en que tu mente se recupera de la *confusión*. Cuando te enfrentas a múltiples opciones, cada una con sus pros y sus contras, las ordenas al contemplar la situación hasta que tengas cierto nivel de claridad. La mente naturalmente prefiere la claridad a la confusión.

Ejemplos:

- Te has vuelto inconstante en asistir a la iglesia, o bien has dejado de hacerlo por completo. Ahora tu hijo se va a casar con una joven fundamentalista que todo el tiempo te cuestiona acerca de tu fe. Tú quieres mantener la paz en la familia, pero no tienes mucha fe religiosa. Así que contemplas cómo transmitir tus creencias sin causar problemas.

- Tienes un nuevo jefe que ha vuelto tu trabajo mucho más difícil en términos de presión, fechas de entrega y debido a su comportamiento. ¿Te quedas ahí e intentas arreglarlo, o renuncias? Contemplas y sopesas las opciones.

- Estás profundamente conmovido por el problema de la violencia armada en este país. Todos te dicen que el grupo a favor de las armas es demasiado poderoso como para permitir que se dicte una regulación sensata sobre su uso. Tú contemplas el valor de seguir tu propia conciencia y presionar por la creación de nuevas leyes, o si las probabilidades están tan en contra tuya que los esfuerzos están condenados a fracasar.

La **CONCENTRACIÓN** es la forma en que tu mente se recupera del *sinsentido*. No tiene sentido hacer un trabajo de forma negligente, tener opiniones sin fundamento o relacionarte con las demás personas de manera despreocupada o arbitraria. Estos comportamientos reflejan la creencia subyacente de que, como sea, la mayoría de las cosas no tiene sentido, así que, ¿para qué molestarse? Al concentrarse, la mente se abstrae en algo lo suficientemente profundo como para tener sentido. Esto satisface la necesidad natural de la mente para encontrarle sentido a la vida.

Ejemplos:

- Una de tus viejas amistades se ha estancado y es apática, y tu amigo te parece aburrido. En vez de dejar las cosas así, te concentras en lo que puedes hacer para reavivar su relación.
- Te has vuelto muy bueno en tu trabajo, tan bueno que ya no te desafía. Existe el riesgo de que tu trabajo ya no te satisfaga. Antes de tomar la difícil decisión de cambiarte de trabajo, te enfocas en qué puedes hacer para que tu trabajo actual sea más significativo y desafiante.
- Cuando te levantas por la mañana, no tienes entusiasmo por el día que empieza. Sientes que las cosas son aburridas. En vez de echarle la culpa a tu edad, tu cónyuge, tu trabajo o la vida en general, te concentras en el cambio interior al preguntarte qué le falta a tu vida y cómo saciar esa carencia por medio de tus propios esfuerzos.

La ORACIÓN es la forma en que tu mente se recupera de la *impotencia*. Al contactar con un poder superior estás reconociendo la necesidad de conexión. A menudo podemos sentirnos aislados, solos, pequeños y perdidos. Ésas son las cualidades de la indefensión, y a lo largo de siglos los seres humanos hemos convocado a Dios o a los dioses para traer a un poder superior a nuestra vida. La vida naturalmente quiere librarse de la sensación de impotencia.

Ejemplos:

- Has sufrido una pérdida personal y te sientes deprimido y solo. Para aliviar este sufrimiento pides por medio de la oración que se resuelva por la gracia o por un Dios amoroso.
- Eres testigo de un desastre natural en algún lugar en el mundo que causa una miseria incalculable a un enorme número

de personas. No te parece suficiente dar dinero a la caridad, así que rezas para encontrar una mejor manera de ayudar.

- Un miembro de tu familia se ha vuelto adicto a las drogas. Todos los esfuerzos por ayudarlo han fracasado. Un periodo de recuperación siempre termina en una recaída. Rezas para encontrar ayuda y pides que un poder superior aparezca en escena para cambiarlo.

La **MENTE EN SILENCIO** es la forma en que ésta se recupera del *trabajo excesivo*. Constantemente está procesando la vida cotidiana y sus retos, pero cuando la actividad mental se vuelve muy pesada, existe el riesgo de sufrir agotamiento, ansiedad y agitación mental. La mente naturalmente quiere estar en silencio cuando no es necesaria ninguna actividad. En la paz y el silencio yace la felicidad de la existencia y una apetencia renovada para la próxima situación que requiera una respuesta.

Ejemplos:

- En tu trabajo atacas a alguien por ser irresponsable. La persona está molesta, y después tú lo estás. Antes de disculparte, encuentras un lugar tranquilo para calmarte y permitir que tu mente descanse.

- Tu familia se ha acostumbrado a que lleves la carga pesada y estás orgulloso de lo competente que eres haciéndolo, porque todo lo que haces es por amor. Pero has estado ocultando un desgaste creciente. Antes de discutir cómo los demás pueden hacer su parte, te tomas tiempo para relajarte y estar tranquilo hasta que estés listo para discutir las cosas sin sentirte estresado internamente.

- Estás acostumbrado a tomar un coctel o una cerveza después de un día de trabajo difícil, y a últimas fechas tu consumo de alcohol ha aumentado. Te das cuenta de que puedes relajarte más eficazmente meditando o, por lo menos, al tomarte 15 minutos para decidir si en realidad necesitas un trago.

La **RESPIRACIÓN CONTROLADA** es la forma en que tu mente se recupera del *estrés*. *Estrés* es un término general que habla de un estado desbalanceado de la mente y de un cuerpo bajo presión. Cuando estás bajo estrés, la respiración se vuelve rápida e irregular. Al respirar profundo unas cuantas veces, suspirando hondo, o al quedarte dormido (un estado natural de respiración regular y relajada), tu mente y cuerpo regresan al equilibrio.

Ejemplos:

- Todos los ejemplos se reducen a lo mismo. Cuando estés estresado revisa cómo estás respirando. Cuando inhalas profundo y de forma regular durante unos minutos, la presión se encuentra con una respuesta de relajación que aclara tu mente y elimina la tensión de tu cuerpo.

La **DICHA** es el modo en que tu mente se recupera del *sufrimiento*. La mente naturalmente prefiere el bienestar al sufrimiento, sin importar cuánto racionalicemos que ciertas formas de sufrimiento son buenas para nosotros. La dicha, la alegría o el éxtasis son un estado de felicidad perfecta. Parece que llega de forma impredecible, pero todos la hemos experimentado y la mente quiere estar ahí lo más posible. La dicha es un estado natural. El sufrimiento es una distorsión innatural, una especie de vibración persistente que destruye las buenas vibraciones de la mente.

Ejemplos:

- La dicha es felicidad más allá de las palabras, así que es diferente a sentirte contento, lo cual a menudo puede describirse así. Para reconocer la diferencia, busca en tu memoria alguna época en la que sentiste alegría repentina sin saber realmente por qué. Cuanto más insólito sea el sentimiento, estuviste más cerca de la dicha.

- Si se te dificulta recordar un momento de éxtasis, puede ser más fácil ubicar sentimientos de asombro y maravilla. Mírate a ti mismo ante un paisaje que te haya llenado con la maravilla de la naturaleza: la dicha está muy cerca de ese sentimiento.

- La dicha también puede estar cercana a las lágrimas. Recuerda cómo te sentiste al ver a un bebé recién nacido, a un niño inocente jugando o a alguien que supera su sufrimiento. Cuando estas experiencias nos desbordan, si el sentimiento que provocan es de inspiración, entonces están cerca de la dicha.

MEDITACIÓN TOTAL

Lección 5: Encontrar tu centro

Tu mente ya sabe cómo meditar. Todo lo que debes hacer es darte cuenta y aprovecharlo. Sin importar en qué práctica de meditación te involucres, el proceso siempre implica que te centres. Estar centrado significa estar tranquilo en tu cuerpo, sentirte en paz con quien eres, sin exigencias ni expectativas. Éste es el punto de partida para todo lo demás que puede suceder con la meditación total. Por otra parte, si no estás centrado, nada sucederá en tu meditación. La distracción es como el trol de la meditación, porque de manera irritante nos aleja de lo que es más importante.

Es útil reconocer que centrarse sucede naturalmente fuera de la meditación. Te sientes centrado cada vez que eres serio y sincero. Sólo puedes decir tu propia verdad cuando estás centrado. Una emoción expresada desde el corazón también proviene de estar centrado.

Ésta es la forma de encontrar tu centro cuando quieras:

- Busca un lugar tranquilo, cierra los ojos y permite que, suavemente, tu atención se dirija al centro de tu pecho, en la región del corazón. Respira con normalidad y no hagas nada. Sentirás que estás centrado y calmado.
- Sigue sin hacer nada y tu atención volverá a deambular. Observa esto y lleva tu atención de vuelta a tu centro.

Repite el ejercicio todas las veces que quieras. Tu objetivo es simplemente observar la sensación de estar centrado. Esta sensación es el umbral de la conciencia pura, el estado constante de la conciencia.

Para hacer uso de lo que has aprendido, continúa con tu día y haz una pausa si te das cuenta de cualquiera de las siguientes cosas:

Sentirte exhausto

Sentirte distraído

Experimentar pensamientos caóticos o atropellados

Sentirte inseguro sobre una decisión

Sentirte presionado

Preocuparte por el tiempo, el dinero o tu salud

Irritarte o impacientarte

Sentirte ansioso

Sentirte aburrido

Cada vez que comience cualquiera de estas respuestas tan comunes, no la combatas. En lugar de ello, toma un momento a solas con los ojos cerrados para que te centres. Permite que la conciencia te restaure hasta que te sientas estable, tranquilo y en una posición en la que ya no reacciones a los sucesos del exterior. No fuerces nada. Si tu atención se desvía, regrésala tranquilamente al centro de tu pecho.

LA CONCIENCIA ES "TODO O TODO"

Algunas cosas en la vida son propuestas de "todo o nada", como estar embarazada, pero la mayoría no lo es. Puedes vivir en el punto medio donde radica lo "suficientemente bueno". Sólo la conciencia es "todo o todo", lo cual necesita ser explicado.

Cuando algo es total, no puede ser dividido. Sólo hay un todo. La conciencia siempre está presente en cada fibra de vida, sin excepción alguna. Debido a que tienes libre albedrío, puedes alejar a la conciencia, lo que hacemos todas las veces que ignoramos lo que es bueno para nosotros y en cambio elegimos hacer lo que es malo para nosotros. Los hábitos alejan a la conciencia. Las reglas alejan a la conciencia. Cualquier cosa que haga de la vida algo mecánico aleja a la conciencia, y aun así la conciencia permanece sin ser afectada.

La vida despierta es totalmente consciente, y por ello es la forma de vida más natural. Pero para la gente es muy difícil aceptar este concepto. Por ejemplo, a la gente le gusta vivir de acuerdo con las reglas, y cuando éstas son muy estrictas, como lo son para los brahmanes ortodoxos en el hinduismo o los judíos ortodoxos, es fácil sentirte superior porque sigues muchos preceptos que la persona ordinaria no podría cumplir.

La meditación total abre un camino hacia la vida despierta, pero primero debes desear esa vida. Estar consciente todo el tiempo en cada situación suena como algo extraño y no necesariamente bueno.

¿Y si todo el tiempo estás consciente de tu peso, o de los defectos de tu pareja, o de lo poco que puedes saber acerca de un tema comparado con un escritor de libros de texto? Pero así no es la vida despierta. No puedo evitar repetir que la conciencia total es la mejor forma de vivir porque la conciencia ya es total.

Como siempre, el cuerpo es la perfecta piedra de toque para la realidad. Tu cuerpo hace más que reequilibrarse por medio de la homeostasis —también se sana a sí mismo, y lo hace todo el tiempo, no sólo cuando te sientes enfermo o estás herido—. Miles de veces al día las células irregulares, incluyendo las que pueden ser cancerosas, son destruidas, y cuando llegan al final de su vida funcional, mueren de forma voluntaria. El cuerpo constantemente está vigilando, y este hecho implica una conciencia constante.

Como con muchos otros procesos, la respuesta de sanación es extremadamente complicada, y los libros de texto intentan describirla sin llegar a dar por terminado el tema. Para lo que aquí nos ocupa, es importante darnos cuenta de que la conciencia está detrás de las acciones que realiza tu cuerpo, directo hasta el nivel celular. La inteligencia de una célula le dice lo que debe hacer. Sus átomos y moléculas irían de un lugar a otro aleatoriamente como polvo interestelar sin conciencia. Creo que te convencerás de esto con un ejemplo del sistema inmune que representa a todo el cuerpo.

En tu torrente sanguíneo, un tipo de glóbulo blanco, llamado fagocito, es responsable de devorar los microorganismos invasores, mientras que otro tipo, llamado linfocito, reconoce y recuerda a cada invasor del pasado —no sólo de tu pasado, sino los de hace miles, si no es que millones de años.

Un glóbulo blanco puede representar todo el cuerpo porque tiene un componente visible y otro invisible. Es fascinante observar en un microscopio cómo una célula T asesina, que es un tipo de linfocito, rodea, engulle y devora una bacteria o un virus no deseados, pero la inteligencia invisible de los linfocitos es lo que hace que todo el sistema inmune sea viable. Dependemos de una memoria casi perfecta del sistema inmune. Tu capacidad de reconocer un rostro es igual a la de los linfocitos para reconocer los virus que causan el sarampión y las paperas. Al recordar que tuviste sarampión y paperas cuando eras niño, el linfocito te protege de volverlas a tener.

La ciencia médica está perpleja por las ocasiones en que una de dos cosas sale mal: cuando una partícula inofensiva es reconocida erróneamente como un enemigo, que es como se desarrollan las alergias, o bien cuando las células inmunes comienzan a atacar las propias células del cuerpo, creando una enfermedad autoinmune (de las cuales hay unas 50, incluyendo el lupus y la artritis reumatoide).

Las alergias y las enfermedades autoinmunes han tenido un drástico aumento en las últimas décadas, sobre todo en países desarrollados, y nadie puede explicar la razón. Esto es debido a que, a la fecha, el sistema inmune ha sido estudiado exclusivamente por su parte física, con un mínimo conocimiento de su inteligencia invisible. Es como si entendiéramos el trabajo de Einstein al examinar cuánto gis usaba en el pizarrón. Naturalmente, en vez de eso analizamos lo que escribía con su gis, pero eso no es posible con un glóbulo blanco. Su inteligencia sólo se conoce al observar lo que la célula puede recordar.

Si indagas más profundo, el misterio de la memoria en el sistema inmune es el mismo que el misterio de la memoria, punto. En el cerebro, la memoria se extiende a lo largo de diversas regiones, incluyendo el hipocampo, que es una parte del cerebro importante para consolidar información (su nombre se refiere al caballito de mar, cuya forma se pensaba que se parecía a la del hipocampo). En un famoso desastre quirúrgico en la década de los cincuenta, el hipocampo de un hombre fue extirpado quirúrgicamente con la esperanza de curar sus ataques epilépticos, y hubo cierta mejoría. Pero el hombre perdió la memoria por completo, lo que lo convirtió en el único sujeto de estudio en las décadas siguientes hasta su muerte. Una ausencia total de memoria hace que cada experiencia sea nueva, pero también que esté vacía. Por ejemplo, el hombre no tenía relaciones. Su médico tenía que presentarse cada vez que el hombre entraba al consultorio, aunque se hubiera ausentado tan sólo un minuto.

Conocer la ubicación de la memoria es útil para el mapeo, pero la estructura del hipocampo nos dice tanto sobre la memoria, como tú si supieras dónde está tu teléfono celular, pero desconocieras cómo usarlo. Dado que el lado visible, o físico, de la memoria es tan poco comprendido, debemos volcarnos sobre ese lado invisible. ¿Qué sabemos acerca de la memoria? Mucho, pero todo lo que sabemos es subjetivo.

Sabemos que los recuerdos pueden ser evocados, pero también surgen por sí mismos.

Sabemos que los recuerdos, si son lo bastante vívidos, reviven las emociones de las circunstancias originales que crearon dicho recuerdo, a menudo con una rememoración intensa del dolor.

Sabemos que a veces algunos recuerdos son precisos, mientras que otros son defectuosos. Incluso la mente produce recuerdos totalmente falsos acerca del pasado, o mezcla varios incidentes.

Obtenemos este conocimiento tan sólo al usar la memoria, pero a diferencia de la memoria en una computadora, que es almacenada de forma mecánica como dígitos de 1 o cero, la memoria humana de alguna manera tiene vida propia. A menudo somos usados por nuestra memoria, en vez de que sea al revés. Con esto quiero decir que los recuerdos nos obligan a revivir experiencias dolorosas que preferiríamos olvidar. Nos recuerdan nuestros fracasos pasados y limitaciones. Mantienen vivos los viejos resentimientos y ofensas que somos incapaces de perdonar. En el nivel más básico, carecemos de un método para borrar los recuerdos no deseados, lo cual es una de las razones por las que las personas necesitan entrar en negación, una especie de olvido deliberado.

El hecho es que casi todo lo que el cuerpo hace está controlado por la conciencia de trasfondo que es siempre presente, inteligente y vigilante. Sabemos algunas cosas por medio de la experiencia personal y ante las cuales la ciencia muestra perplejidad. La memoria es un ejemplo evidente, al igual que la sanación. Pero en la escuela de medicina no hay una sola lección que no esté confrontada por estos misterios. Por ejemplo, en mi propio campo de la endocrinología, apenas en 1995 se pensaba que las hormonas sólo eran secretadas por las glándulas endocrinas como la tiroides, el páncreas y las glándulas suprarrenales. Después se descubrió que las células adiposas secretan una hormona llamada leptina, que controla la sensación de saciedad, o sentir que has comido suficiente. Y si esto no era ya bastante sorprendente, entonces se descubrió que las hormonas endocrinas se secretan en todo el cuerpo. Por ejemplo, tus huesos secretan una hormona especial, y se sabe que tu piel es la principal fuente de todo tipo de hormonas en tu cuerpo.

Más tarde, el mundo de la endocrinología se deslumbró al descubrir que cada hormona tiene más de una función, y a menudo las funciones no tienen relación entre ellas. Por ejemplo, la testosterona no es simplemente la hormona sexual masculina. También existe en las mujeres y sus funciones incluyen el apetito sexual, la masa ósea, la distribución de la grasa, el tamaño y la fuerza de los músculos y la producción de glóbulos rojos. En resumen, nuestras hormonas, al igual que la respuesta de sanación, requieren un conocimiento total de todo lo que el cuerpo está haciendo y necesita hacer.

LA MEDITACIÓN NO ES LO MISMO
QUE EL PENSAMIENTO

La forma en que abrevio la conciencia es que está en todos lados y en todas las cosas. Pero nuestros pensamientos, el ejemplo más obvio de conciencia, no siempre son conscientes. No pensaste tu sistema inmune para hacer que existiera; no cicatrizas una herida al pensar en ello. De hecho, intentar comprender la conciencia por el pensamiento es la peor forma de hacerlo. Sólo la experiencia directa de la conciencia conduce al entendimiento. Por eso la meditación y el pensamiento de ningún modo son lo mismo.

El pensamiento puede estar tan equivocado que bloquea el reequilibrio natural para el cual la mente está diseñada. Permíteme ilustrar lo que quiero decir por medio del recuento en primera persona que encontré en el sitio personal de Joey Lott, un hombre sin acreditación médica que descubrió, a lo largo de años de ensayo y error, lo que él llama "la cura para la ansiedad":

> Viví los primeros 32 años de mi vida en ansiedad. Aumentó a tal grado que yo estaba en pánico todo el día y toda la noche [...] Durante muchos años. Me sentía como si una corriente eléctrica recorriera todo mi cuerpo, electrificando mis nervios, provocando que me sintiera incapaz de encontrar cualquier alivio o bienestar.

No existe un consenso sobre lo que causa la ansiedad crónica. Una respuesta natural —miedo ante el peligro— se vuelve generalizada, sin estar vinculada a ninguna amenaza real. En el caso de Lott, los síntomas eran complejos y se superponían.

Desde los 11 años sufrí trastorno obsesivo compulsivo y anorexia. Estaba avergonzado y por ello me ocultaba y eludía a la gente. Me mataba de hambre y hacía ejercicio en exceso. Me lavaba las manos docenas de veces al día [...] Intentaba eliminar los pensamientos e imágenes indeseadas. Intenté realizar actividades sociales, sólo para volver corriendo a la seguridad relativa de mi casa. Pero incluso mi casa no era segura. En la noche estaba en la cama despierto lleno de terror, imaginando todo tipo de cosas que podrían estar sucediendo.

Frustrado, Lott buscó ayuda profesional, junto con una amplia gama de recursos de autoayuda, ninguno de los cuales era una cura.

Fracasé de manera tan rotunda al intentar mejorar (incluso después de años de terapia, meditación, yoga, afirmaciones, trabajo de respiración, oración, cientos de libros de autoayuda, incontables talleres y muchas cosas más), que al final me sentí desesperanzado. Yo creía que nada podía ayudarme. Pensaba que estaba resquebrajado por dentro.

La cura que finalmente descubrió es una forma de "no hacer", para usar un término budista. Sin embargo, la clave fue la experiencia, no la terminología. Lott se dio cuenta de que la ansiedad estaba arraigada en el pensamiento mismo, en el intento constante de la mente de atacar la ansiedad de formas contraproducentes. La cura, declara Lott,

es completamente ilógica, porque *no* se trata de deshacerte de síntomas indeseables. No se trata de *deshacerte* de la ansiedad. No se trata de vencer la ansiedad o liberarte de la ansiedad.

Se trata de descubrir directamente lo que es la ansiedad y darle la bienvenida.

El método que Lott tiene en mente es dejar de resistir la ansiedad de cualquier forma. Él afirma que la resistencia —junto con cada intento de deshacerte de la ansiedad— es la causa de la ansiedad. En vez de enredarse con tanta actividad mental, Lott decidió evitar todo:

> La cura esencial para la ansiedad es... el encuentro directo con la experiencia. No intentar deshacerte de ella, calmarla, cambiarla, arreglarla, resolverla ni nada.
>
> ¿Cómo logra uno el encuentro directo?
>
> Es simple. No hagas nada.

Las palabras se interponen fácilmente, y pocos de los que sufren ansiedad, ya sea de forma leve, moderada o severa, aceptarían que hacer nada es una cura. Pienso que lo que ha sucedido aquí se debe a la capacidad de la mente de sanar y reequilibrarse a sí misma. Lott encontró una forma de permitir que este proceso se desarrolle, y para él, el secreto fue confrontar su ansiedad directamente. A otras personas esto les puede parecer demasiado aterrador como para considerarlo. Pero, como principio general, la sanación se fomenta cuando aprendemos a no obstaculizarla. Picar una herida sólo la empeora. Si te niegas a descansar cuando tienes gripa, los síntomas se prolongarán.

Lott es escrupuloso al decirles a sus lectores que los diversos métodos que intentó, como la atención plena y la meditación, pueden ayudar con la ansiedad. Con el fervor de alguien que se ha sanado a sí mismo, él cree haber encontrado una cura real. No es necesario decir que no existe un modelo médico aceptado para esta cura y, como médico, debo añadir que no estoy respaldando esta cura. Lott encontró, consigo mismo y con otras personas con las que tuvo contacto después, que es posible "no hacer nada" —es decir, simplemente estar consciente de lo que está sucediendo—. A él le funcionó.

Incluso para reconocer una experiencia fugaz de este tipo se podría requerir un *coach*, como lo admite Lott sin reservas. La mente está habituada a prestar atención a sus pensamientos, y es casi imposible *no* ponerles atención. La ansiedad aumenta cuanto más piensas al respecto. Para romper este círculo vicioso, uno puede comenzar a prestar menos atención a los síntomas, no obsesionarse con ellos. Si te acostumbras a no obsesionarte con ninguna práctica, sin importar lo dolorosa o distractora que sea, con el tiempo tu atención es atraída hacia la conciencia de ti mismo. Con el tiempo la mente regresa al estado de balance normal, que es de donde proviene la sanación.

Aquí hay una importante lección acerca de la diferencia entre el pensamiento y la meditación. La meditación alinea la mente con balance y sanación. A la conciencia total se le permite hacer su trabajo sin la interferencia de la preocupación, la duda, la autocompasión, la desesperanza y la indefensión. Incluso cuando no cedemos ante estos menoscabos, éstos rondan alrededor de los bordes de cualquier enfermedad crónica. Una "enfermedad" puede ser médica, pero una mala relación o un trabajo aburrido también son enfermedades que nos sacan de balance. Cuanto más tiempo persista la enfermedad, se vuelve peor.

Lott logró acceder a una capacidad oculta en su propia conciencia. Eso es lo que hace la meditación —no la meditación parcial que le falló, sino un proceso que se convierte en una segunda naturaleza en la vida cotidiana—. La meditación verdadera es simplemente un recordatorio de la mente de su papel de sanadora. Recordamos algo crucial que nunca más debería ser olvidado.

MEDITACIÓN TOTAL

Lección 6: Conciencia expandida

Puedes experimentar con las capacidades de sanación de la mente por medio de un simple ejercicio de conciencia de ti mismo.

1. Busca un lugar tranquilo donde no puedas ser molestado durante 5 o 10 minutos.

2. Cierra los ojos y permite que tu atención se dirija libremente a un lugar de malestar en tu cuerpo. Si en vez de eso tienes un dolor mental —por ejemplo, una preocupación o cualquier sentimiento persistente que te esté molestando—, permite que venga a tu mente.

3. Enfócate ligeramente en el malestar o dolor corporal durante algunos segundos, y después aleja tu atención de él. Ahora enfócate en el contorno de tu cuerpo. Siente el aire a tu alrededor, la temperatura de tu piel y la sensación de todo tu cuerpo.

4. Regresa al malestar o pensamiento doloroso, y una vez más expande tu conciencia lejos de esa sensación y dirígela hacia todo tu cuerpo. Repítelo varias veces.

5. Ahora expándela un poco más lejos. Siente tu malestar o tu pensamiento doloroso, y luego extiende tu conciencia hacia la habitación en la que te encuentras. Escucha los sonidos, y luego visualiza que tu conciencia se agranda como un globo hasta llenar la habitación. Repítelo varias veces.

6. Finalmente, expande tu conciencia a todas partes. Siente tu malestar o tu pensamiento doloroso, luego siente cómo tu conciencia va más allá de las paredes de la habitación, del edificio, y crece constantemente hasta expandirse más allá de todas las fronteras.

7. Siéntate en silencio por un momento y después abre los ojos.

Para la mayoría de la gente, al terminar este ejercicio ya habrá disminuido el malestar corporal o pensamiento doloroso con el que comenzó, algunas veces de forma notable. El dolor y la angustia extremos y persistentes pueden desaparecer. Es obvio que una sesión no genera una cura permanente, pero este ejercicio se trata de aprender a *no* prestar atención.

Cualquier tipo de dolor exige atención. Depende de ti ceder a él de forma pasiva. Si lo haces, agravarás el dolor, al igual que tu lengua se preocupará por un dolor de muelas o un herpes labial si los está tocando constantemente.

Para salir de esta reacción automática, de manera consciente puedes mover tu atención hacia donde quieras que vaya. Eso es lo que estás aprendiendo a hacer con este ejercicio. Es un ejemplo perfecto de cómo liberarte a ti mismo de una respuesta atorada al tomar control sobre tu atención.

3

Permite que tu cuerpo te guíe

Existe una idea gravemente errónea que debe ser aclarada. Es la idea de que la meditación "está en tu cabeza". La gente quiere resultados prácticos de la meditación. Es comprensible. La meditación puede mejorar tu vida al ayudarte a estar menos ansioso y más concentrado. Ofrece la experiencia de la mente en silencio. En la actualidad, el estado atento conocido como atención plena está de moda. Pero la mente no está separada del cuerpo, el cual siempre está involucrado. Por ejemplo, para perder las consecuencias persistentes de los malos recuerdos, el cerebro debe dejar de evocarlos.

Cada sensación que tienes atraviesa el sistema nervioso central, incluyendo las sensaciones asociadas con amor, paz e incluso la presencia de Dios. A pesar de lo extraordinario de las experiencias espirituales, éstas son también reacciones físicas en el sistema nervioso. Ver la meditación como algo mental es no comprender cómo *funciona* en realidad la meditación total.

La conexión mente-cuerpo fusiona la actividad mental y la actividad física. La mente responde al cuerpo en el mismo instante en que el cuerpo responde a la mente. Ante este hecho, que hoy en día nos parece algo obvio, la gente solía resistirse con obstinación. Pocos médicos occidentales "creían" en la conexión mente-cuerpo cuando ésta se propuso por primera vez. Insistían —y todavía lo hacen— en que sólo el lado físico era importante. Recuerdo mi frustración cuando médicos expertos en Boston se burlaban de la noción de que el cuerpo podía ser afectado por la meditación. Tuve un encuentro con un profesor de la Escuela de Medicina de Harvard que descartaba tan drásticamente la conexión mente-cuerpo que yo le espeté: "Por Dios, ¿cómo crees que mueves los dedos?". No cambió de opinión.

Este tipo de negaciones parece provenir de la historia antigua, y sin embargo persiste en la noción ampliamente difundida de que lo que consideramos el yo, la persona individual, es tan sólo una creación de la actividad mental. Éste es el nuevo punto álgido de desacuerdo. Con todo derecho, la persona promedio podría considerar irrelevante esta controversia para su propia vida, pero no lo es. Más allá de la conexión mente-cuerpo, hay preguntas vitales que exigen ser respondidas.

¿El cerebro crea la mente? Si es así, ¿sólo somos robots a la entera disposición del cerebro?

¿Es una fantasía la búsqueda de la conciencia expandida o superior? Si no tienes un yo, excepto por los sinsentidos de la actividad cerebral, hay cero probabilidades de que tengas un ser superior, así que ¿para qué molestarse en meditar, rezar o ser amable con tu vecino? Simplemente estás fomentando una ilusión.

Pero ¿acaso la mente en verdad puede anteponerse al cerebro? La acción de la mente sobre la materia se ve con escepticismo e incluso como algo ridículo en el ámbito que sólo cree en el cerebro, aunque existe evidencia científica copiosa que sugiere que estás en más control de tu cerebro de lo que crees. Si acumulas tantas cuentas por pagar que te empiezas a preocupar por tus finanzas, cambia tu química cerebral. Tu emoción de ansiedad detonó estos cambios. No tiene sentido decir que te estás preocupando porque tu cerebro te puso ansioso —tu mente comenzó el proceso cuando viste el estado de cuenta de tu tarjeta de crédito.

Aun así, muchos de nosotros estamos convencidos de que vivimos en un mundo únicamente material. En muchos frentes, incluyendo la ciencia, la filosofía y los medios masivos de comunicación, la postura de sólo creer en el cerebro parece haber ganado. Pocas personas apoyan por completo la posibilidad de que la conciencia sea independiente del cerebro. Incluso menos personas aceptan lo que propone este libro, que la conciencia crea el cerebro. En primer lugar, ¿cómo puede una entidad no física andar por ahí creando neuronas? El misterio se resuelve una vez que te das cuenta de que no estás separado en mente y cuerpo. Somos una cosa: el cuerpomente, que une a los dos.

MEDITACIÓN TOTAL

Lección 7: El cuerpomente

Se puede observar la actividad cerebral con una imagen de resonancia magnética o con una tomografía, pero los pensamientos no se pueden ver. Claramente las dos actividades están conectadas, pero *conectadas* es un término demasiado débil. El cerebro y la mente son indivisibles. No es cuestión de cuál vino primero. El cuerpomente es una cosa, y debido a que opera como una sola, siempre ha existido como una sola.

Si quieres una prueba de ello, aquí hay una simple demostración de cómo la mente y el cuerpo son inseparables:

- Cierra los ojos e imagina un limón amarillo brillante con un cuchillo de cocina junto a él.

- Ve cómo el cuchillo corta el limón en dos, y observa cómo las gotas de limón se esparcen por el aire. En algún punto de esta visualización, comenzarás a salivar involuntariamente (eso me sucedió mientras estaba escribiendo este ejercicio).

Éste es un clásico ejemplo de la conexión mente-cuerpo. Pero lo que a menudo se olvida es que el cerebro no sabe la diferencia entre un limón imaginario y uno real. El cerebro detona tus glándulas salivales en cualquiera de los dos casos. Pero tu mente conoce la diferencia, porque tú no eres tu cerebro.

Estás *usando* tu cerebro, y lo haces con total confianza en el hecho de que el cerebro y la mente reaccionan uno al otro de forma simultánea y casi al instante. Es imposible localizar dónde termina uno y comienza el otro.

SANAR LA DESCONEXIÓN

En retrospectiva, resulta peculiar que alguien haya tenido que descubrir la llamada conexión mente-cuerpo, porque es imposible ser una persona sin ella. Es como "descubrir" que las manzanas Fuji son rojas y dulces. La experiencia de ese tipo particular de manzana incluye dichas cualidades. Una manzana no sería una manzana sin ellas.

Pero había una razón práctica para necesitar descubrir la conexión mente-cuerpo, relacionada con el estado problemático que en psicología se conoce como *disociación*. La disociación es definida en líneas generales como "una amplia variedad de experiencias, desde un leve desapego hacia el entorno inmediato hasta un desapego más severo de las experiencias físicas y emocionales".

Los médicos y los terapeutas tratan la disociación extrema en el espectro de la disociación, donde la mente y el cuerpo están desconectados severamente. Por ejemplo, la anorexia implica una desastrosa desconexión entre una obsesión mental con perder peso y la evidencia física de un cuerpo esquelético que necesita alimento con desesperación. Una mujer joven puede verse en el espejo y observar una imagen sumamente obesa cuando, de hecho, pesa 35 kilos y está muriendo poco a poco de malnutrición.

La disociación también es evidente cuando una persona entra en estado de shock y la sensación corporal se adormece. Alguien que acaba de estar en un accidente automovilístico en una fría noche de invierno puede estar temblando y en shock sin el más mínimo reconocimiento mental de tener frío. Es necesario que alguien lo envuelva en una manta: están demasiado conmocionados para hacerlo por sí mismos.

La disociación presenta un misterio mucho más profundo que sus implicaciones médicas. El dolor puede ser anestesiado al desapegarte de manera consciente, que es lo opuesto a entrar en conmoción. ¿Por qué la anorexia y la bulimia son aflicciones, la conmoción un estado de insensibilidad aguda, y el desapego una meta espiritual? Tenemos que ahondar más en el cuerpomente para comprender estas diferencias.

Comencemos con la experiencia extraordinaria del escritor y maestro sudafricano Michael Brown. Brown era un periodista de música que de pronto desarrolló una enfermedad neurológica muy rara llamada síndrome de Horton, que muy pocas veces se diagnostica en personas menores de 50 años. "Esta enfermedad —escribe Brown—, que comenzó en 1987, se manifestó en múltiples episodios cotidianos de agonía insoportable." La inflamación severa de las arterias en el cerebro tiene como resultado las llamadas cefaleas en racimos. El caso de Brown era un ejemplo extremo, y durante casi 10 años no encontró alivio alguno. Intentó con medicamentos de prescripción, fue con curanderos africanos y consultó todo tipo de sanadores. Su situación desesperada propició que uno de los neuro-cirujanos más importantes del país declarara que Brown era candidato para la adicción de por vida a los analgésicos o para terminar su dolor por medio del suicidio.

"En 1994 —continúa Brown—, después de años buscando trata-mientos interminables que no tenían resultados, me confronté con la posibilidad de que nada ni nadie 'allá afuera' pudiera aliviar mi sufri-miento. En este punto mis opciones eran *morir* o *seguir así*."

Elegir la segunda opción fue decisivo. Brown experimentó con diferentes estados mentales autoinducidos. Descubrió que su dolor disminuía si alcanzaba lo que él llama una "alta frecuencia de ener-gía personal". Había hecho una conexión mente-cuerpo por sí mis-mo. "Éste fue el primer susurro de lo que ahora llamo conciencia del momento presente."

Después tuvo un descubrimiento dramático en el desierto de Arizona en 1996. Brown asistió a una ceremonia de cabaña de sudar dirigida por un guía nativo americano. Estas ceremonias implican un calor intenso, sudar, cantar y tocar los tambores. Los estados ordina-rios de conciencia son sometidos a una presión extrema durante algu-nas horas. Cuando Brown salió de la cabaña arrastrándose a gatas, de pronto experimentó un cambio dramático en su interior.

"Mientras estaba ahí en medio del aire fresco de la noche, todo dentro de mí y alrededor de mí vibraba con vida, como si acabara de nacer [...] Me paré junto a la fogata en un silencio reverencial, y me quedé ahí hasta bien entrada la noche, sintiendo la sangre cálida flu-yendo por mis venas, la respiración fresca masajeando mis pulmones y el ritmo reconfortante de los latidos de mi corazón." Él la llama su primera experiencia de presencia, o de *existencia*. Él "se manifestó" en su propia vida, que Brown describe de la siguiente manera: "Me sentí físicamente presente, mentalmente claro, emocionalmente equilibrado y, a nivel vibracional, 'sintonizado'".

Como lo narra en su libro *El proceso de la presencia*, este descubrimiento condujo a Brown a obtener control sobre su enfermedad neurológica, y su experiencia en el desierto de Arizona enfatiza que "aparecer" en tu propia vida —en otras palabras, volverte mucho más consciente— requiere que el cuerpo también aparezca. ¿Qué es esta misteriosa presencia con la que se encontró Brown? Él toma una actitud casi religiosa hacia ella, pero pienso que la respuesta es simple: cuando estás presente, hay un encuentro con la presencia.

No todas las personas que entran a una cabaña de sudar, o que intentan alguna otra práctica espiritual, salen de ahí con la experiencia de estar totalmente presentes. Entramos y salimos de la conciencia, y mientras, al hacerlo, se crea la imprevisibilidad de la presencia. En otras palabras, normalmente nos encontramos en un estado de disociación o desconexión. A veces es necesario un sobresalto severo para que esto sea evidente. Tanto en Oriente como en Occidente existe una tradición de someter al cuerpo a un estrés intenso, que puede provocar una entrada súbita a la conciencia plena. Los soldados lo han experimentado en el campo de batalla, cuando un estado de temor y aprensión se transforma en sensaciones de conciencia total. Estas sensaciones incluyen:

Ligereza física e incluso ingravidez

Colores y sonidos intensificados

Conciencia intensa de la respiración y el ritmo cardiaco

Una energía que cosquillea en el cuerpo

Relajación total

Euforia

Lo que se ha visto en soldados, atletas extremos o víctimas de trauma es que la conciencia puede conectar de forma dramática con un estado de conciencia superior. Sin embargo, esto no lleva a la conclusión de que debemos castigar el cuerpo con estrés, ir a la guerra o buscar condiciones físicas extremas. La gente que convierte en hábito vivir bajo estrés podría entrar en un estado temporal de conciencia alterada, pero es mucho más probable que se esté convirtiendo en adicta a la adrenalina, no en yogui. La conciencia intensificada no es tensa, excitada ni tiene como consecuencia el agotamiento físico —características de la descarga de adrenalina—. En contraste, los efectos de la conciencia superior son relajados y dichosos.

Al haber experimentado un cambio dramático en la conciencia, Michael Brown intentó tener bajo control su estado alterado para poderlo repetir a voluntad. Una de sus prácticas clave en "el proceso de la presencia", como llama a su programa, es una práctica extendida de respiración con varios pasos detallados y que requiere mucha disciplina. Desde hace muchos siglos, los yoguis han practicado una respiración controlada similar a ésa. Pero dudo que dicha disciplina tan prolongada sea adecuada para la vida cotidiana.

Sin embargo, Brown también llegó a la misma conclusión que yo he estado enfatizando a lo largo de estas páginas. Es decir, que cuando la presencia aparece, sucede de forma natural y sin esfuerzo. No puedes forzarla. Pero sí puedes preparar el camino, que es lo que hacemos en la meditación total. Creo que las llamadas experiencias cumbre llegan cuando quieren. Puedes intentar encontrarlas, pero es mucho más probable que ellas te encuentren a ti. Y esto no es un truco frustrante de la naturaleza.

La conciencia conoce más de lo que nos conocemos a nosotros mismos. La presencia, o experiencia cumbre, transforma a una persona cuando es el momento de la transformación. La buena noticia es que las experiencias más valiosas, incluyendo la euforia y la dicha, suceden porque en la vida de cada quien hay un tiempo para ellas.

En la meditación total, la meta es mover la aguja hacia más adelante en el espectro, haciendo un progreso constante todos los días. Esto puede no ser tan espectacular como un estallido repentino de conciencia o tan emocionante como saltar de un avión con paracaídas. Pero es duradero, porque todo tu ser —cuerpo, mente, emociones, pensamientos, deseos y relaciones— se vuelve parte de un desarrollo natural. Los estados desconectados que aceptamos como normales están tejidos de vuelta en la armonía del cuerpomente como estaban destinados a estar.

MEDITACIÓN TOTAL

Lección 8: Sentir tu camino

Existen dos caminos básicos que tomamos a lo largo de la vida: pensar y sentir. El pensamiento racional es altamente valorado en una era de ciencia y tecnología, pero en la vida cotidiana intervienen todo tipo de sentimientos. La gente asume que está lidiando racionalmente con su vida, pero para todos hay una mezcla de pensar y sentir. Esta mezcla es confusa y debe ser aclarada si quieres hacer que tu camino por la vida sea consciente, en conciencia plena.

Pensar en su camino personal por la vida es algo que les atrae a los racionalistas, pero se engañan a sí mismos. Sentir siempre es parte de cada experiencia, cada decisión, cada elección de vida. Aquí hay algunos ejemplos de cómo funciona esto:

- Piensa en un alimento que odias (un presidente de Estados Unidos fue noticia por odiar el brócoli). Obsérvate poniendo un bocado de este alimento dentro de tu boca. Pueden ser caracoles, un ostión crudo o col hervida. Intenta saborearlo como si te encantara. No puedes, porque el sabor está unido a tu sentimiento sobre ese alimento.

- Ponte a ti mismo en el lugar de una persona sin hogar, que vive en la calle con sus hijos pequeños. Visualiza la situación —sin duda has observado algo similar en la vida real—. Entonces imagina que un extraño se acerca a ti y te entrega 1 000 dólares en efectivo. Se lo agradeces profusamente, pero entonces esa persona se ríe burlonamente y te arrebata el dinero. ¿Puedes ver esa situación sin sentir ninguna emoción? Éste es un ejemplo dramático de cómo todo lo que vemos trae consigo una interpretación al nivel de los sentimientos.

- Imagina que estás realizando una larga caminata en las montañas y pierdes la noción del tiempo. Ahora ya está oscuro, la temperatura baja con rapidez y debes volver al campamento. En medio de la oscuridad total llegas a un desnivel y casi te tropiezas. Recuerdas vagamente que la caída no es muy profunda, quizá de medio metro. Por otra parte, si estás perdido, la caída podría ser de 30 metros. No puedes volver atrás. ¿Puedes lidiar con esta situación sin sentirte ansioso? Pocas personas podrían.

El punto de estas observaciones es que todos *sentimos* nuestro camino por la vida mucho más de lo que creemos. Asumimos que vamos por la vida pensando una decisión tras otra de manera lógica. En realidad, la forma en que nos sentimos es mucho más dominante. Los antiguos creían que el corazón era la sede de la inteligencia, y no estaban equivocados al respecto. *Sentir tiene su propia inteligencia profunda.*

Ignorar ese hecho es limitante y a menudo dañino. Hay personas que dirán que sienten demasiado. Siempre se guían con el corazón, por ejemplo, y por eso con mucha frecuencia tienen el corazón roto. Y la mayoría de las veces el amor se pierde por pensar demasiado y no poner suficiente atención a los sentimientos con una actitud de confianza. Pienso que el corazón pleno es tan presente como la atención plena.

Al final, el aprendizaje de cómo sentir tu camino por la vida ofrece la mejor esperanza de felicidad y éxito. *El sentir sucede en todo el cuerpomente*, lo que nos da una razón práctica para unir el cuerpo y la mente, en vez de intentar mantenerlos separados.

LA SABIDURÍA DEL CUERPO

En muchos sentidos el cuerpo, y no la mente, debería medir lo que puede lograr la meditación. Al decir *cuerpo*, no me refiero específicamente al cerebro, aunque sus funciones se extienden a cada célula del cuerpo, lo que implica que todo lo que atribuimos al cerebro debería estar presente en todas partes, y sí lo está. Por ejemplo, tu sistema inmune funciona con una memoria completa de cada enfermedad que tus ancestros tuvieron. Esta memoria entra en acción cada vez que bacterias, virus y hongos invasores aparecen en el torrente sanguíneo. Así como tú reconoces si un rostro es familiar o no, lo mismo sucede con las células inmunes. Atacan a patógenos que reconocen en cuanto aparecen. Si el invasor ha tomado una nueva identidad genética, lo que sucede con los virus de la gripa de rápida mutación (las cepas de resfriado e influenza de este invierno son como nuevos inquilinos en el vecindario, al igual que el recién llegado y mucho más catastrófico covid-19), tu sistema inmune aprende rápido todo acerca de esta nueva identidad y desarrolla nuevos anticuerpos para enfrentarla.

En unas cuantas oraciones. He descrito *cuatro aspectos de la conciencia que no sólo corresponden al cerebro sino a todas las células:*

memoria, reconocimiento, aprendizaje y creatividad. Si no estuviéramos confundidos con que la meditación "está sólo en tu cabeza", sería obvio que la conciencia es una propiedad global inherente a la vida misma. Pero la historia tiene otra trama, más profunda. Por sí mismas, las cualidades de la conciencia son muy generales. La memoria en un glóbulo blanco comparte la memoria con las células del corazón, del hígado y del cerebro. Éste es un rasgo inalterable, o cualidad de la conciencia. Pero la vida siempre se está moviendo y cambiando, así que la memoria debe correr a la par, adaptándose constantemente al siguiente patógeno invasor, pero también al siguiente sitio en el que una herida necesite ser sanada, la próxima célula rebelde que puede ser precancerígena, el siguiente nombre de una persona que tengas que recordar, y así sucesivamente. Las tareas de la memoria son interminables, y en efecto infinitas.

Así es como funciona la totalidad. Al adaptarse a las experiencias infinitas de la vida, la conciencia debe ser infinita sólo para llevar el paso, por así decirlo. En la realidad, la conciencia dirige el camino, y le da al cuerpo el rol principal de liderazgo. Puedes estar en un sueño profundo o en coma, y tus células seguirán totalmente conscientes y atentas. Esta conciencia tiene su propia sabiduría. Ciertos principios del cuerpo han sido probados durante millones de años, desde que los primeros organismos multicelulares aparecieron sobre la Tierra, y ahora estos principios gobiernan nuestra existencia como un cuerpomente.

Sabiduría en acción

Tu cuerpo está lleno de su propia sabiduría y pone en acción los principios más fundamentales de la conciencia. Y tenemos prueba visible de esto a partir del nivel de las células:

Las células cooperan unas con otras para el bien común.

Órganos sumamente diferentes entre sí comprenden y aceptan cómo funcionan otros órganos.

La sanación es una respuesta que recurre a toda la comunidad de células.

El conflicto ha sido eliminado en favor de la coexistencia pacífica.

Las células constantemente perciben el mundo exterior y se adaptan a él.

Las nuevas experiencias se reciben con respuestas creativas.

El hecho de que estos principios se apliquen automáticamente no significa que no se anuncien ante ti. Tú sientes tu camino por la vida al recibir mensajes sobre tu propio comportamiento, de la manera en que tu cuerpo lo percibe. Éstos son mensajes no verbales distribuidos en forma química. *Grosso modo* pueden dividirse en dos categorías: advertencias de problemas y signos de bienestar.

ADVERTENCIAS DE PROBLEMAS: dolor, malestar físico, tirantez y tensión en los músculos, dolor de cabeza, dolor y rigidez de espalda baja, náusea, insomnio, letargo y fatiga.

Aunque los pacientes llegan al consultorio del médico para que estas advertencias se traten como problemas médicos, es igual de importante escucharlos como comunicaciones verdaderas a las que debemos hacerles caso. Por ejemplo, cada advertencia tiene implicaciones psicológicas. La náusea puede tener su origen en comer un alimento equivocado, pero también puede provenir del nerviosismo, que va desde una sensación leve de mariposeo en el estómago hasta un pánico escénico paralizante. El letargo y la fatiga son signos de estrés. El estrés puede ser físico, como una actividad pesada, o mental, como la presión de una fecha de entrega en el trabajo. Saber leer lo que tu cuerpo te dice te permite seguir avanzando en el camino de la curación más temprano que tarde.

SIGNOS DE BIENESTAR: ligereza, energía, flexibilidad física, buen tono muscular, sueño profundo, buena digestión, ausencia de resfriado e influenza, ojos brillantes, dinamismo.

Estos signos son lo opuesto a las advertencias de problemas. En una sociedad consumista, se venden productos que supuestamente dan más energía y vitalidad, pero, en realidad, el bienestar es el estado normal de reposo de tu cuerpo. Las señales que recibes son como el zumbido de un auto perfectamente afinado, excepto que esta analogía deja fuera la naturaleza viva del bienestar. También aquí hay un componente psicológico. El bienestar da una sensación de optimismo, satisfacción, seguridad, estabilidad y apertura a las nuevas experiencias.

Una vez que absorbes qué tan plena y completa es la sabiduría del cuerpo, es difícil no ruborizarnos ante nuestro fracaso, tanto personal como social, de igualarlo. La coexistencia pacífica, que es sólo una diminuta porción de la sabiduría del cuerpo, se ha logrado a tropezones en la historia humana. Por desgracia, la comprensión mutua que tienen los diferentes órganos entre ellos, al nivel de la sociedad, está rodeada de prejuicios, desconfianza y odio.

¿Qué salió mal? Si el cuerpomente es un todo continuo, y si el cuerpo es tan sabio, ¿por qué tantos experimentamos insomnio, ansiedad, problemas digestivos y trastornos relacionados con el estrés? Debe haber una desconexión en alguna parte. Para empezar, el estrés es una de las principales causas de desconexión. Un estudio psicológico que realizó Yale en 2019 develó que el estrés de los estudiantes se duplicó en la década anterior. Al buscar la causa de este aumento drástico, se puede señalar la creciente falta de un tiempo mental en silencio y libre de distracciones.

Aunque está lejos de ser una respuesta total al estrés, revisar todo el tiempo tu teléfono celular para leer mensajes de texto y correos electrónicos pone al cuerpomente en alerta constante, lo cual, en lo que respecta a tu sistema nervioso involuntario, no es diferente de entrar en un estado de alerta ante el peligro. Hay problemas mayores para los estudiantes, como la carga aplastante de la deuda universitaria, la cual se estima que a finales de 2018 llegó a la impactante cantidad de 1.4 billones de dólares. Esta deuda se convierte en una cascada de presión para sacar buenas calificaciones, tener un trabajo de medio tiempo y, al mismo tiempo, descubrir una ocupación que sea financieramente segura lo más pronto posible. Estos macroestreses, como les llama el doctor Rangan Chaterjee, un médico que se especializa en estrés, no son tan importantes en el panorama general como los microestreses.

La deuda universitaria y la presión sobre el desempeño no se duplicaron en la última década. Pero la distracción perpetua, debida a los videojuegos, así como los mensajes de texto y los correos electrónicos, se ha convertido en una forma de vida. El estado natural del cuerpomente es lidiar con el estrés y volver lo más rápido posible al balance. El doctor Chaterjee dice que si mantienes un flujo constante de estos microestreses, que un adicto al teléfono celular difícilmente podría detectar, muy pronto te habrás acercado sin querer a tu umbral de estrés personal.

Él señala que todo lo que se necesita para llegar a esto es despertar y consultar tus mensajes de inmediato —los cuales pueden contener tres asuntos relacionados con el trabajo— antes de que siquiera hayas tomado una taza de café. Tu cuerpomente entra en alerta, y si encuentras microestreses cuando te sientas a desayunar, como olvidar que prometiste llevar a tu hija al ensayo de la banda musical, seguidos por algunos microestreses añadidos en tu camino al trabajo, estarás cerca de tu umbral del estrés cuando llegues a la oficina. El resultado es impaciencia, irritabilidad, distracción y la probabilidad de que el siguiente mensaje de texto propicie que explotes por algo totalmente trivial.

La desconexión que acabo de describir es lo que la meditación busca reparar. La dirección del trabajo de reparación no es un misterio —por una parte, el cuerpo nos guía naturalmente a través de advertencias tempranas de que hay problemas; y, por otra parte, a través de signos de bienestar—. Para llevar una vida consciente es crucial poner atención a estas señales. Cuando entras en modo meditativo, tu mente regresa a un estado de balance que refleja el estado de balance del cuerpo.

Sin embargo, debido al yo dividido, la meditación en sí misma no es suficiente para sanar el estado de desconexión. La existencia de malos hábitos, viejos condicionamientos, emociones negativas, creencias fijas y todo el sistema que cargamos en nuestra psique indica que hay una alienación más profunda. Luchamos unos contra otros y contra nuestro propio yo. No sabemos lo que es bueno para nosotros, y cuando sí lo sabemos, no hay garantía de que actuaremos de acuerdo a ello. El estado de negación puede ser eficaz en algunos casos, pero eventualmente la fatiga, la frustración, la depresión, la ansiedad, el fracaso y el juicio de uno mismo se abren camino de una u otra manera.

Tenemos que darnos cuenta de que sólo la conciencia puede reparar por completo la desconexión, y debe ser la conciencia total, porque la mente y el cuerpo han sufrido juntos y necesitan sanar juntos. El bienestar es un estado de plenitud, y tu vida no puede ser plena hasta que el cuerpomente sea pleno. En este punto del libro puede sonar imposible alcanzar la conciencia total, pero quédate conmigo y verás que la conciencia total no sólo es posible, sino que es un estado natural.

Una buena definición práctica de la totalidad es cuando tu cuerpo medita junto con tu mente. En la década de 1970 uno de los primeros descubrimientos acerca de la meditación mostró que la actividad de ondas alfa en el cerebro aumenta durante la meditación. Las ondas alfa son un rango de frecuencia de actividad cerebral que se organiza en sincronía. Se pueden detectar al conectar a un sujeto a un elecroencefalograma y, de hecho, fueron descubiertas por el inventor de esta tecnología, el neurólogo alemán Hans Berger.

Las olas oceánicas en el mar están desorganizadas, se levantan y caen aleatoriamente, pero el cerebro no transforma su actividad cerebral en ruido o estática caóticos. Una vez que la actividad de las ondas cerebrales fue descubierta —otras mediciones del electroencefalograma revelaron ondas beta, gamma, theta y delta, cada una enviando una señal en su propia frecuencia, como si fueran dos estaciones de radio separadas—, se obtuvo una reserva de información. Para un investigador del cerebro, las ondas alfa eran "oscilaciones neurales en el rango de frecuencia de 8 a 12 Hz, las cuales surgen de la actividad eléctrica sincronizada y coherente de las células marcapaso talámicas en los humanos".

Pero esta información no nos dice nada acerca del misterio de las ondas alfa. ¿Por qué nuestros cerebros evolucionaron para producirlas? Deben tener un propósito; de otra forma, pertenecerían a la categoría de cambios evolutivos que desaparecieron en la prehistoria porque, desde un punto de vista darwiniano, eran inútiles. Las ondas alfa son útiles a nivel físico porque indican lo que el cuerpo está haciendo: relajándose.

Las ondas alfa aparecen cuando cierras los ojos y descansas, pero no estás cansado ni dormido (un segundo tipo de ondas alfa surge durante el sueño MOR). En sí mismo, este fenómeno no parece ser especial; todas las criaturas necesitan descanso y sueño. De hecho, existen estados de la conciencia humana que van más allá de la relajación que (hasta donde sabemos) sólo nosotros poseemos y en los cuales dominan las ondas alfa. Estos estados incluyen:

Pensamientos que fluyen con suavidad

Estar alerta en el momento

Meditación

Actividad creativa

Estado de ánimo estable, depresión disminuida

¿Por qué las ondas alfa aumentan durante estas actividades particularmente humanas? No se sabe. Tu corteza visual descansa cuando cierras los ojos. ¿Es acaso un preludio para comenzar una actividad creativa? Es sólo una suposición, porque las líneas onduladas en un electroencefalograma son demasiado burdas como para sugerir, incluso de forma remota, aquello a lo que una persona se está alistando a hacer. Pero cualquiera que haya hecho de la pintura amateur su pasatiempo, puede decir que es algo relajante.

A diferencia de la somnolencia, el estado relajado indicado por las ondas alfa está bastante alerta. Algunos investigadores han considerado que las ondas alfa son "el motor que impulsa el poder del ahora". No es contradictorio estar relajado y alerta al mismo tiempo —la meditación suscita dicho estado—. Sólo los seres humanos somos conscientes de que existe el poder del ahora, y durante siglos hemos reflexionado en la forma en que podemos usarlo.

Siempre será frustrante intentar responsabilizar al cerebro por la infinita variedad de la actividad humana. Cuando haces algo nuevo y creativo, todo el cuerpomente obedece tu intención. La creatividad como fenómeno cerebral sería como una radio produciendo una nueva sinfonía de Beethoven. Las neuronas no pueden ser creadoras: la creatividad requiere una mente que entre en un estado especial que físicamente es indicado por el aumento de las ondas alfa. Digamos que una mañana Leonardo da Vinci decide pintar el retrato de una joven mujer hermosa y huidiza que se llega a conocer como Mona

Lisa. En cuanto toma su paleta, cavila sobre el color, el diseño, la forma y la técnica artística.

Si Leonardo estuviera vivo hoy, podríamos detectar las ondas alfa en un electroencefalograma en cuanto entrara en el ánimo creativo, y si un día la neurociencia logra realizar un mapa completo de todo el circuito del cerebro, quizá podríamos saber, tomando en cuenta cada célula nerviosa, lo que estaba sucediendo cuando nació la *Mona Lisa*. Sin embargo, a la gente se le dificulta darse cuenta de que este mapa no podría decirnos nada sobre la *Mona Lisa* como una obra de arte, porque un adefesio de pintura realizado por un inepto total también proviene de la misma actividad cerebral. El arte no se encuentra en una onda alfa. Está en la conciencia, la cual induce las ondas alfa. La misma configuración sucede en incontables actividades cuyo valor puede ser creativo o meramente relajante.

MEDITACIÓN TOTAL

Lección 9: "Yo soy"

El cuerpomente es un concepto hermoso que sigue siendo un concepto hasta que lo traduces a tu propia experiencia. Es un tema complicado. Estamos acostumbrados a tomar diferentes caminos para las experiencias mentales y físicas. Si tienes las palmas de las manos frías y sudorosas, esa condición sucede en un camino distinto al del pensamiento: "Voy a una primera cita". Pero es obvio que los dos van juntos si una primera cita, o cualquier otra cosa, te hace sentir sumamente nervioso.

¿Cómo podemos unir los dos caminos en uno solo? Existe un método que conecta el cuerpo y la mente por medio de una maniobra simple, que es no tomar ningún camino, físico ni mental. Constantemente experimentas el cuerpomente sin que entren en juego las palabras *cuerpo* o *mente*. En cambio, sólo está el "Yo soy": la experiencia de tu percepción del yo. No tienes que pellizcarte para saber que estás despierto. De igual manera, no tienes que recordarte de ninguna forma que tu sentido del yo siempre está presente.

Veamos cómo funciona esto en la práctica:

- Mira alrededor de la habitación y hacia afuera de la ventana para ver lo que sea que llame la atención de tu mirada. Escucha los sonidos en tu entorno. Toca tu paladar con la lengua para experimentar su textura y cualquier sabor que puedas detectar. Huele lo que tu nariz percibe.
- Ahora cierra los ojos y repite la misma secuencia recreando imágenes, sonidos, texturas, sabores y olores.

En un momento dado estás enredado en estas sensaciones y no están separadas. Se mezclan en una sola sensación, la experiencia total de estar aquí y ahora. "Yo soy" es cualquier sensación con la que te estés identificando en el momento, a veces distinguiendo una imagen o un pensamiento, a veces sólo mezclándote con todo el aparato sensorial (un buen ejemplo de esto sería la experiencia de estar recostado en una playa bajo el sol, sintiendo la brisa y escuchando las olas, todo al mismo tiempo).

Conforme el aparato sensorial se mueve de esta forma o de otra, "Yo soy" presta atención. Estás listo para la siguiente sensación o pensamiento. Pero si miras más de cerca reconocerás que el "Yo soy" no es en realidad un camaleón. Acepta el color de la hoja, la fragancia de la rosa, la textura de la lija, y demás. Pero todo esto sucede en un espacio abierto, el espacio de la conciencia.

La conciencia es el espacio en el que todo sucede. Imágenes, sonidos, texturas, sabores y olores pasan por el espacio, pero el espacio mismo no cambia, de igual forma que un aeropuerto no cambia, aunque miles de personas lo atraviesen todos los días.

Cuando comprendes que el "Yo soy" es completo, y que no piensa en "Yo soy mi cuerpo" ni "Yo soy mi mente", sucede un gran cambio. Descubres que puedes vivir en este espacio ilimitado del "Yo soy" con mucha facilidad. De hecho, es el lugar natural donde estar. Un buen ejemplo es la imagen corporal. Si piensas "Yo soy mi cuerpo", muy probablemente la imagen que ves en el espejo no será la ideal. Experimentarás un juicio ante la imagen que ves, y desde este punto de partida podrías prometer que vas a ir al gimnasio, a comer menos, buscar productos antienvejecimiento, y muchas cosas más.

Pero si no te enfocas en la imagen que ves en el espejo, que compite con las imágenes que tienes en la mente sobre cómo deberías verte y qué es la perfección y lo lejos que estás de ella, entonces la realidad no tiene nada que ver con imágenes de ningún tipo. Cierras los ojos y sientes ya sea advertencias de problemas o signos de bienestar. En realidad, nada más importa. Las imágenes vienen y van, así como las sensaciones pasajeras. Pero en el espacio abierto del "Yo soy" estas experiencias transitorias sólo son paisajes que están de paso. El verdadero tú es un pasajero observando el paisaje que va pasando. Tu atención deambula por todo el paisaje sin que tu conciencia deambule también. Tu conciencia permanece donde siempre ha estado, en el "Yo soy", sin juicio alguno. Esta ausencia de juicio es liberadora, y por eso es una de las principales metas de la meditación total.

¿QUIÉN ESTÁ A CARGO?

Tu cerebro no tiene inclinaciones a favor o en contra de cualquier estado mental. Se transforma a sí mismo con obediencia de acuerdo con lo que se requiera. Sin embargo, la desconexión entre la mente y el cuerpo tiene un efecto fuerte y duradero dentro del cerebro. Preocuparte por el dinero puede hacerte sentir una tensión en el pecho y provocar que pierdas el apetito. Una vez que las preocupaciones desaparecen, esas partes del cuerpomente regresan a su estado normal. Pero si acostumbras preocuparte, con el tiempo ya habrás alterado los caminos del cerebro. A menos que cambien estos caminos, creados a partir del hábito, tu cerebro se vuelve un coconspirador en tu preocupación, y lo mismo pasa con cualquier estado que persiste lo suficiente como para tener un fuerte efecto en el funcionamiento cerebral, como la depresión.

Por fortuna, el cerebro se transforma a sí mismo. Por lo regular, la tristeza se disipa por sí misma sin que hagas nada para mejorar tu ánimo. Tu cerebro literalmente se transforma cuando tu ánimo cambia de sombrío a alegre (o viceversa). ¿Cómo funciona esto? Aquí hay algunos misterios que sólo la conciencia puede resolver.

El cerebro no es como un auto, que se echa a andar si lo enciendes. El cerebro funciona en un control dual, que significa que obedece a impulsos tanto conscientes como inconscientes. Nadie ha logrado explicar de forma creíble cómo funciona esto. Los procesos inconscientes continúan sin tus instrucciones. No tienes conciencia de la presión sanguínea, del ritmo cardiaco, de la digestión, de la actividad de tu sistema inmune, del equilibrio de las hormonas endocrinas, y demás. Cuando duermes pierdes la conciencia total de tener un cuerpo. Cuando estás despierto tienes pensamientos sin saber cómo operan las neuronas. En efecto, en la ausencia del conocimiento médico, ni siquiera hay evidencia de que tienes un cerebro.

Para el cerebro es normal operar bajo tus instrucciones o bajo las suyas. El misterio detrás de este control dual se intensifica cuando nos preguntamos cómo puede el sistema nervioso diferenciar la actividad consciente de la actividad inconsciente. Por ejemplo, los nervios asociados con la respiración hacen su trabajo de forma automática, percibiendo la situación en la que te encuentras. La respiración es un barómetro que informa sobre el esfuerzo, el estrés, la tensión, el deseo sexual y la fatiga —así como factores externos como la altitud, la cantidad de oxígeno, los contaminantes, los alérgenos en el aire, y otros—. Al mismo tiempo, tú puedes intervenir con una intención, como cuando decides inhalar profundo. Puedes decidir suspirar o bostezar, cosas que habitualmente son involuntarias. Si estás a punto de estornudar e intentas detenerte, las dos mitades del mecanismo de la respiración, la voluntaria y la involuntaria, luchan entre sí, y a veces el estornudo gana sin importar lo mucho que intentes detenerlo.

No pienso que sea creíble decir que el cerebro es el que decide si debe operar o no de forma automática. Esta explicación volvería a tu cerebro más consciente que tú. Es como si un auto con piloto automático no sólo obedeciera a su programación, sino que también controlara al conductor. Poner a un auto en control total evita que el conductor tome malas decisiones. O imagina que quieres decirle adiós con la mano a una amiga que está partiendo en un tren, pero tu cerebro decide por sí mismo: "No, yo no quiero participar en los adioses", y evita que levantes el brazo. Eso no sucede.

El motivo por el cual este punto no le parece obvio a toda la gente es que el cuerpomente está tan unido que tú mismo no siempre puedes distinguir quién está en control. Todo tipo de cosas —enojo repentino, alarma, deseo sexual, ataques de pánico, fobias, malos hábitos, adicciones, comportamiento compulsivo, pensamientos obsesivos, depresión, ansiedad— se apoderan de una persona como si tuvieran mente propia. Si revisas uno de los sonetos más psicológicos de Shakespeare, el problema de quién está a cargo representa un papel principal.

El Soneto 129 se trata del deseo sexual que toma el control y después lo suelta en cuanto alcanza el orgasmo. Comienza así:

> *Derroche de energía bochornosa*
> *es la lujuria en acción. Cuando ocurre*
> *perjura, asesina, cruenta, insidiosa*
> *salvaje y cruel. No es de confiar. Se nutre*
> *de gozos primero y de odio después.*
> *Sin razón se busca y cuando se tiene,*
> *sin razón se odia cual cebo odia el pez,*
> *pues pierde la vida cuando lo ingiere.*

En estos intensos ocho versos captamos lo extremo que es el control dual del cerebro. La lujuria es tan poderosa que Shakespeare la describe en la forma en que sería descrito un cruel dictador en un régimen totalitario (perjuro, asesino, cruento, etcétera). Cuando la lujuria ha terminado su trayectoria inconsciente, llegan las consecuencias. Regresa la racionalidad, con sentimientos de vergüenza y remordimiento, y ahora en retrospectiva la lujuria se ve como una carnada para hacer caer a la persona en una trampa.

¿Por qué Shakespeare era tan propenso a vincular el deseo sexual con la vergüenza? Tal vez era una confesión personal hecha por un hombre casado cuya esposa se quedó en Stratford, mientras que Shakespeare estaba en Londres durante varios meses. ¿Es un hombre infiel confesando sus devaneos públicamente en un poema, o sólo está diciendo que estuvo tentado a cometerlos? La vergüenza también podría reflejar las creencias religiosas acerca del sexo como un pecado, aunque los isabelinos eran un grupo de revoltosos de vida licenciosa, sobre todo en los círculos del teatro. Los pastores puritanos incendiarios solían comparar a los actores con ladrones y prostitutas.

Visto a la luz de las acciones voluntarias e involuntarias, el Soneto 129 se trata más acerca de la condición humana que solamente sobre el sexo apoderándose de la persona como si éste tuviera mente propia.

El misterio de quién está a cargo se enfatiza en un experimento interesante que tiene momentos de eureka —momentos de descubrimiento creativo en los que se produce una percepción repentina, como salida de la nada y a menudo inesperada—. El profesor Joydeep Bhattacharya y sus colegas en la Universidad de Londres le pidieron a un grupo de voluntarios que resolviera un acertijo verbal en 60 a 90 segundos. Si no lograban descifrarlo a los 90 segundos, les daban una pista. Sólo algunos sujetos lo resolvieron, y sus ondas cerebrales, medidas por un electroencefalograma, predecían quién caería en cada grupo.

Aquellos que tuvieron una comprensión repentina de cómo resolver el acertijo mostraban un alza en las ondas gama de alta frecuencia. La ubicación cerebral de estos picos era el lóbulo temporal derecho, que entre otras cosas es responsable de los mecanismos mentales cambiantes. El pico en las ondas gama sucedía ocho segundos antes de que al voluntario se le ocurriera la respuesta. Los investigadores comentaron que este pico en las ondas gama es la misma actividad que sucede en el pensamiento transformacional —la desviación de la experiencia cotidiana del pensamiento hacia la experiencia de los momentos de eureka.

Así como un ingeniero cibernético explicaría cómo funciona el circuito de una computadora, se crea una brecha entre el funcionamiento interno de la máquina y lo que tú experimentas en el monitor, donde la pantalla muestra palabras, fotos, videos y muchas cosas más. Cuando observas en YouTube a un paracaidista, ¿el video está sucediendo en los circuitos de tu computadora o tu teléfono celular? Absolutamente no. Sólo está ocurriendo el procesamiento digital en el circuito de una computadora. El video está sucediendo en tu conciencia.

De la misma forma, el paracaidista en el video no está experimentando en su cerebro la euforia de la caída libre. El cerebro es un circuito orgánico que procesa diversos iones químicos y señales eléctricas. El paracaidismo sucede en la conciencia. El circuito del cerebro no puede tener la experiencia más de lo que puede tenerla una computadora lanzada con paracaídas desde un avión. Sin un yo, no hay experimentador. No estoy denigrando a la neurociencia —por lo menos se necesita una comprensión de la actividad cerebral para encontrar las curas de enfermedades relacionadas con el cerebro, como la epilepsia, el Parkinson y el Alzheimer.

Sólo quiero señalar que los seres humanos no somos prisioneros del circuito y no lo hemos sido desde hace miles de años. En algún punto de nuestro linaje hubo un salto evolutivo cuando el *Homo sapiens* cruzó la brecha del circuito a la conciencia. La computadora de alta velocidad más sofisticada no puede dar ese salto, por la simple razón de que, al igual que el cerebro, una computadora no tiene experiencias.

¿Entonces quién está a cargo? La única respuesta viable es que nadie está a cargo. El cuerpomente tan sólo está operando en un modo o el otro, a veces a voluntad y a veces en automático. No tiene que haber nadie a cargo, ni siquiera tú. También eres parte de la totalidad. Si tiene que haber una respuesta, entonces podemos decir que la conciencia está a cargo de sí misma. No hay nada más allá de la conciencia que pudiera estar a cargo. (Ya sé que me estoy metiendo en asuntos religiosos, pero poner a Dios a cargo simplemente añade otro nivel de conciencia. No va más allá de la conciencia porque no se puede.)

Una visualización puede ayudar. Piensa en el océano. Puede estar tormentoso o tranquilo. Dentro de él fluyen corrientes frías y calientes. Debajo de la superficie habita la innumerable multiplicidad de la vida marina. Cada una atraviesa su ciclo vital. Algunos son predadores, otros son presas. ¿Quién está a cargo en el océano? Sólo puede ser el océano mismo. Es un ecosistema autosustentable. De forma similar, la conciencia es un ecosistema, responsable de todo lo que ocurre en el cuerpomente.

MEDITACIÓN TOTAL

Lección 10: Ilimitado

Para un pez que nada en un arrecife de coral no hay límites en el océano. Como ecosistema, el océano creó y sustentó todo lo que vive dentro de él. La conciencia es el ecosistema máximo. Realmente no tiene fronteras porque, a diferencia de un pez volador, nadie puede saltar fuera de la conciencia. Esta jugada es inconcebible.

Estamos conectados a esta ilimitación. Todo acerca de la conciencia en su totalidad también es cierto acerca de nosotros. La meditación nos aproxima cada vez más a la mente ilimitada, que es la mente total. Cuando se experimenta la mente total, las limitaciones se disipan. Uno se da cuenta de que para la mente no es necesario imponerse tantas limitaciones. Despertar te hace darte cuenta del sinsentido de los límites, sobre todo si imaginas que éstos *deben* existir.

En el viaje hacia la mente ilimitada, la meta no se alcanza de inmediato —es un proceso—. Pero es útil tener una visión de la meta. Aquí hay algunas formas simples para conectarte con lo ilimitado durante un momento.

- En un día soleado y despejado, recuéstate bocarriba de manera que tu campo visual abarque todo el cielo azul sin nubes. Relájate con la sensación de lo azul y convierte esa relajación en tu sensación primordial. Ahora mira más allá del azul. No hay una receta para hacer esto, pero sólo inténtalo. Por un breve instante puedes sentir que el cielo es la frontera, por así decirlo, del infinito.

- Cierra los ojos e imagina que eres una sonda espacial de la NASA viajando en el espacio profundo a una gran velocidad de cientos de kilómetros por segundo. Observa cómo pasas las estrellas y las galaxias distantes se van acercando. Acelera cada vez más y después haz que desaparezcan las estrellas y las galaxias. Ahora sólo está el negro vacío, y no sientes la velocidad. Estás suspendido en el espacio ilimitado sin otra experiencia que su eternidad.

- Escucha una pieza musical que te encante y siente la dulce sensación de su belleza. Ahora detén la música, pero quédate con la dulzura. La causa ha desaparecido, pero la dulzura está ahí por sí misma. Así es como se siente la dicha ilimitada: no necesita una causa y existe por sí misma.

* * *

Si la conciencia está a cargo de sí misma, puede hacer cualquier cosa y todo. Pero nuestra experiencia personal es sumamente distinta. No podemos hacer cualquier cosa y todo. Con frecuencia sentimos que lo que hacemos es ineficaz y difícilmente importa. Esto debe cambiar. De otra forma nos quedamos con fantasías de poder y posibilidad que no se vuelven realidad. ¿Dónde está el poder total de la conciencia, dónde cuenta realmente, aquí y ahora? Ésa es la pregunta que exploraremos a continuación.

4

El síndrome del atoramiento

La meditación total construye la confianza en que la conciencia cuida de tu vida, pero si la confianza es la meta, ¿qué hay con la existencia del mal? A lo largo de siglos el drama humano ha retratado el bien luchando contra el mal, y así debilita cualquier teoría de que los seres humanos somos innatamente buenos. Al mismo tiempo, la existencia del mal ha debilitado la noción de que Dios o los dioses son totalmente benignos. Un ateo afirmaría que ningún dios que merezca la pena adorar permitiría los horrores de la guerra y el genocidio que han creado heridas profundas en nuestra historia colectiva, heridas que continúan hasta este día.

Nos desconcierta estar atorados en los peores aspectos del comportamiento humano. Existe una amplia cantidad de evidencia de que, en todos los niveles de nuestra existencia, desde la violencia doméstica hasta la guerra civil, desde los crímenes menores hasta las masacres, ningún bien surge del mal. Así que, ¿por qué no renunciamos a eso por nuestro propio bien? La pregunta abre la puerta a todo el tema del atoramiento; en otras palabras, la persistencia de la negatividad, que continúa existiendo a pesar de nuestros mejores esfuerzos y los más altos ideales. Las raíces del comportamiento malvado existen en todos nosotros. Sólo nosotros somos la fuente de la guerra, el crimen y la violencia. Quizá no actuemos en el lado oscuro de la naturaleza humana. Pero si nos encontramos en una situación que es lo suficientemente explosiva, cada uno de nosotros tiene un punto de quiebre, más allá del cual la razón y la bondad ceden al comportamiento irracional alimentado por la ira, el resentimiento, la envidia, la venganza, la intolerancia, el miedo e incluso la excitación de la violencia.

Si es verdad que nosotros mismos somos la fuente del mal, entonces se presenta por sí misma una solución para el mal: desatórate. Las experiencias van y vienen; los pensamientos surgen y desaparecen con rapidez; las emociones duran un poco más, pero también se disipan. El enojo y el miedo, las dos emociones negativas más poderosas, no alimentarán el comportamiento malvado si nacen y desaparecen al mismo ritmo que las experiencias normales. El flujo de la conciencia se hace cargo de esto, hasta que nosotros interferimos. Nosotros somos la causa, y al mismo tiempo la víctima, de lo que yo llamo el síndrome del atoramiento. Este síndrome siempre ha sido la trampa del mal, a la que la misma mente se entrega en la actividad que más le lastima.

Si la meta es desatorarse, puedes dejar de lado casi todo sobre el mal teórico. La idea de que Dios y Satanás luchan entre ellos es sólo una teoría, al igual que la idea de que un arquetipo de guerra invisible influye en nosotros. También son teóricas todas nuestras explicaciones psicológicas sobre la mente inconsciente, donde supuestamente yacen ocultos nuestros peores impulsos, o donde la "sombra" gobierna como un dictador maligno. Lo más que puedes hacer es liberarte del mal comportamiento. Cuando el enojo y el miedo son sombras pasajeras que se disipan tan rápido como surgen, has logrado algo grandioso. Te has librado a ti mismo de tu participación en el mal del mundo.

EL HÁBITO DEL MAL

Lo más básico sobre el mal es que se ha vuelto un hábito, algo que se repite una y otra vez hasta que se convierte en una respuesta automática. En ese sentido, el mal es bastante mundano. No tiene un poder especial para atraparnos, sino que pertenece al reino problemático de otros malos hábitos. Casi todos nosotros exhibimos a diario comportamientos autodestructivos e irracionales, a tal grado que se vuelven rutinarios y habituales. En vez de hacer todo lo posible por cambiar para mejorar, inconscientemente nos aferramos a los comportamientos que nos bloquean en cada paso que damos. Sigmund Freud, el fundador del psicoanálisis, investigó este tipo de comportamiento autodestructivo "patológico" en su libro de 1901 *La psicopatología de la vida cotidiana*, frase que parece relevante para nuestra revisión del mal en relación con el atoramiento.

La psicopatología de la vida cotidiana tiene muchas formas. El mal, el sufrimiento y el dolor se superponen a pesar de las claras categorías que hemos creado para ellos. Aun así, existen diferentes tipos de experiencia que pertenecen a la psicopatología cotidiana, como:

Ansiedad y depresión

Comportamiento compulsivo, pensamientos obsesivos

Juicio de uno mismo

Culpa

Vergüenza

Autoestima dañada

Incapacidad de controlar los impulsos

Negación o evasión de lo que está mal

Represión u ocultamiento de los impulsos indeseados

Ninguna persona sensata cree que cualquiera de estas experiencias sea saludable psicológicamente. Cada una de ellas genera una gran angustia y en el peor de los casos se vuelve paralizante. Al mismo tiempo, ninguno de estos estados mejorará si los odias, si te culpas a ti mismo o a los demás, o si te das por vencido y no lidias con ellos. De hecho, sentirte mal contigo mismo hace que la mayoría de estos problemas empeore, y el buen consejo que te den otras personas apenas mejora la situación.

Lo que etiquetamos como mal no es sólo un impulso o comportamiento. Es una mezcla de ingredientes oscuros, y ninguno de ellos es cósmicamente malo y ni siquiera innatamente malo. Los monstruosos asesinos de masas a lo largo de la historia magnifican los impulsos cotidianos a grados desastrosos. Estos impulsos cotidianos "oscuros" incluyen:

> *Atacar verbalmente a los demás*
> *Culpar a alguien más*
> *Querer vengarte de la persona que te lastimó*
> *Atacar primero como forma de defensa*
> *Sentirte indefenso, lo que conduce a fantasías de venganza*
> *Sentirte sin esperanza, lo que deriva en una osadía temeraria*

Toma una situación cotidiana como ser acosado en la escuela. No puede haber un acosador sin que exista una víctima. Nadie se ofrece de manera voluntaria a ser víctima, pero los niños y los adolescentes tienen un repertorio limitado de formas de salir adelante. Difícilmente importa qué papel jueguen. Tanto los acosadores como sus víctimas actúan bajo los mismos impulsos. Si revisas la lista que acabo de presentar, las dos partes culpan a alguien más, usando el ataque y la defensa como sus únicas opciones, sintiéndose indefensos o haciendo que alguien se sienta indefenso, y así sucesivamente. Los monstruos de la historia son iguales: simplemente representan su psicopatología ("trastorno mental") a gran escala porque los millones de persona a quienes oprimen harían lo mismo si estuvieran en su lugar.

No quiero decir que todos seamos asesinos en masa potenciales, sino que nos atoramos en los mismos patrones de ataque y defensa, lastimar o ser lastimado, buscar venganza y fantasear con ella, etcétera. Si tu situación te lleva a extremos de ira, resentimiento, impotencia y desesperanza, estás listo para representar lo que etiquetamos como mal o convertirte en su víctima. Cualquiera de los dos roles es una forma de atoramiento.

La forma de salir de esto es desarrollar más opciones en tu comportamiento, lo cual se hace al volverte más consciente. La mayoría de la gente lidia con una situación difícil por medio de cuatro comportamientos básicos:

Defenderse

Contraatacar

Soportar la situación

Entrar en negación

Si estás atorado en este rango limitado de comportamientos, experimentarás muchas situaciones, sobre todo en las relaciones personales y en el trabajo, que no avanzan hacia resultados productivos. En la meditación total, se puede dejar que la conciencia resuelva el resultado deseable. Esta estrategia no es utilizada por mucha gente, aunque en la era de la fe, dejarle las cosas a Dios era similar, pero el problema era que se trataba a Dios como una entidad sobrehumana que vivía en el cielo. Esta separación de lo humano y lo divino abandonaba a los devotos en una pasividad impotente en espera de la decisión de Dios. Dicha postura no era viable y la naturaleza humana se hizo cargo. La era de la fe no era inmune a la violencia y la guerra, ni tampoco al despliegue copioso de los siete pecados capitales.

La conciencia total no está separada de ti. Es tu origen y tu verdadero ser. Conforme se expande la conciencia, descubres nuevos recursos que dan lugar a una gama más amplia de comportamientos en situaciones difíciles. Hay momentos en los que es difícil evitar una confrontación, y el resultado correcto rara vez es convertirla en un juego de suma cero, en el que alguien debe perder algo para que alguien más gane. Las semillas de la hostilidad están diseminadas, y aferrarse al resentimiento deriva en el síndrome del estancamiento que propicia el mal.

Por lo regular, la alternativa a un juego de suma cero es el compromiso, que evita que la confrontación escale. En cualquier situación difícil, ya sea una riña doméstica o dos países que necesitan retirarse del umbral de un conflicto armado, la conciencia abre la posibilidad para un resultado pacífico. Puedes darle una oportunidad a la paz por medio de los siguientes comportamientos:

Busca activamente una solución con personas que pueden ayudar genuinamente.

No actúes bajo un impulso, espera a estar centrado otra vez.

Asume la responsabilidad de tus sentimientos sin atacar o culpar a alguien más.

Confía en que siempre es posible una solución.

Busca comprensión en el modo meditativo.

Deja las situaciones estresantes en vez de soportarlas.

No te conviertas en la causa del estrés.

Respeta a los demás como tus iguales.

Valora tu propia felicidad y no racionalices el sufrimiento como si fuera una virtud.

No hay nada mágico en esta gama expandida de comportamientos —siempre han estado disponibles—. Si se hubieran seguido estos comportamientos algunas guerras desastrosas podrían haberse evitado, así como incontables divorcios. Esto es prueba de lo dormida que está la gente y de que pocos sabemos cómo prevenir conflictos calmando las amenazas en una etapa temprana.

Por naturaleza la conciencia despliega estas respuestas en el proceso del despertar. Surgen en muchas personas que nunca han escuchado sobre la conciencia y que no practican la meditación, simplemente en el curso de convertirse en un adulto maduro. Sin embargo, el proceso puede acelerarse al favorecer de manera consciente el comportamiento despierto. La mejor forma de vivir ahora mismo es vivir como si estuvieras despierto.

No podemos esperar que la conciencia expandida funcione con un acosador en la escuela. Los niños y adolescentes todavía están en una etapa inmadura, y con frecuencia confusa, de su desarrollo psicológico. Pero si persisten las heridas de la infancia, el adulto maduro se queda con esas mismas heridas. La mayor parte de la psicopatología de la vida cotidiana proviene del niño interno dañado. (La noción popular del niño interior como inocente y angélico ignora la realidad psicológica de que junto con la inocencia todo niño alberga los impulsos negativos que al final lo llevan a estar atorado.)

Conforme despiertas, la psicopatología de la vida cotidiana se vuelve menos problemática, simplemente porque no necesitas defender tu personalidad del ego. "Yo" es el problema y por lo tanto nunca puede ser la solución. No se necesita mucha conciencia de uno mismo para ver que la personalidad del ego es insegura, egoísta, exigente y está dominada por los impulsos que se esfuerza por controlar. Lo que es más difícil de ver es algo mucho más básico. "Yo" es pegajoso. Una mosca se para en una hoja de papel y casi de inmediato se va.

Asimismo, las experiencias no se quedan con nosotros a menos que nosotros seamos pegajosos. De igual forma, no puedes esperar que el ego se deshaga de su propia adherencia. Lo que sea que se necesite para desatorarse, el "Yo" no lo va a lograr.

MEDITACIÓN TOTAL

Lección 11: Hábitos

La meditación total reemplaza las respuestas inconscientes con otras conscientes, y una aplicación muy útil de este cambio se centra en los hábitos. Éstos son una trampa circular. El impulso detrás del hábito se sigue repitiendo a sí mismo. Cuando surge el impulso, la mayoría de la gente lucha brevemente y después cede ante él. El hábito ha ganado, y ganará las próximas veces que regrese hasta que tú rompas el círculo.

Este mismo modelo aplica sin importar el hábito que sea. En la superficie parece que comer demasiado y preocuparte son cosas muy distintas, pero las dos son cíclicas y ambas tienen raíces en el inconsciente (es decir, no existe una causa evidente a nivel del pensamiento, y pensar cómo salir del hábito no arregla el problema). Cuanto más despierto estás, más fácil es abordar el elemento clave que mantiene en funcionamiento el hábito y este elemento es la repetición. Discutamos el asunto en términos de cómo la mente cae en patrones repetitivos, porque éste es el meollo del problema.

La conciencia logra todo en silencio, pero la mente está llena de ruido. Mucho de este ruido tiene poco que ver con el pensamiento útil o racional. Cuando se te pega una tonada, no hay motivo por el cual debería seguirse repitiendo mucho después de que dejaste de disfrutarla. La psicopatología de la vida cotidiana está repleta de otros ejemplos menos inofensivos. Las personas aprensivas se preo-cupan constantemente y son incapaces de salir del círculo vicioso de temores que no tienen ninguna posibilidad de volverse realidad. En el extremo del espectro, el trastorno obsesivo compulsivo (TOC) con-dena a quienes lo padecen a pensamientos rituales persistentes, como contar las grietas en la banqueta o sumar los números de las placas de los autos.

Lo que tienen en común todas estas enfermedades es la repe-tición. Si quitamos las etiquetas médicas, al parecer todos estamos sujetos a pensamientos, recuerdos e impulsos que regresan una y otra vez. Los recordatorios viejos y desgastados de culpa y vergüen-za, humillación y derrota, discusiones en las que se perdió y recla-mos furiosos rondan la mente como si estuviéramos atorados en una rueda de la fortuna tóxica. Pero nadie sabe por qué la mente sigue volviendo una y otra vez a pensamientos que no nos sirven de nada —estos recordatorios son inútiles y desagradables—. Sólo sirven para molestar y angustiar. Algo que preferirías olvidar, pero que se niega a ser olvidado.

Los malos hábitos encajan en el esquema general. A menos que sean diagnosticadas con TOC, pocas personas buscan ayuda profesio-nal para sus pensamientos repetitivos, pero al mismo tiempo se sienten incapaces de detenerlos. Piensa en estos ejemplos de la vida cotidiana:

- Has jurado que dejarás de comer entre comidas, pero cuando te sientas a ver la televisión regresa el impulso de levantarte e ir por una botana.
- Te sientes enojado e irritado por algo insignificante, como es-tar en la fila de la oficina postal y que alguien se meta en el lugar frente a ti. Sabes que ya eres lo bastante adulto como para dejar ir el incidente, pero lo sigues recordando en tu mente.

- Compras un artículo para el hogar o ropa, y al llegar a casa te das cuenta de que otro vendedor en internet tiene el mismo artículo a la mitad de precio. La diferencia no es significativa, pero te molestas contigo mismo por no haber buscado más concienzudamente.

- Estás de vacaciones y tienes muchas ganas de ir a un restaurante famoso en el que has querido comer desde hace mucho. Pero al llegar te dicen que no hay una reservación a tu nombre y por desgracia el restaurante está lleno. Cuando regresas a casa de tu vacación, te sigues lamentando por lo que salió mal y lo mucho que te habría gustado esa comida que nunca más podrás tener.

A pesar de la inutilidad de la repetición, la mente no deja este comportamiento. Si puedes aprender a alejar los pensamientos, los impulsos y los hábitos mentales repetitivos, éstos dejarán de volver. Lograrás sentir que estás más en control y la pantalla de tu mente estará libre de ruido.

Aquí es muy útil un poco de comprensión. Estos pensamientos e impulsos repetitivos son fragmentos del ego, y como "Yo" es pegajoso, también lo son sus fragmentos. La personalidad del ego está compuesta totalmente de experiencias pasadas, así que naturalmente no puede evitar revivirlas, por una u otra razón.

No tienes que descubrir cuál es la razón. Tú eres más que tu ego. Cuando insiste en imponer su punto de vista, tú eres libre de ofrecer otra perspectiva, una más consciente. Esto se hace con facilidad en cualquiera de las siguientes formas:

- Si te molesta una repetición inofensiva como una canción que traes pegada en la mente, haz una pausa y cuenta hasta 100 de tres en tres. Este sencillo enfoque trae a la mente de vuelta al momento presente.

- Si se trata de un pensamiento negativo y te recuerda algo en lo que no quieres enfocarte, díselo: "Ahora no te necesito". Ésta es una especie de negociación con un ego fragmentado; no te enfrentas a él, pero tampoco cedes. No insistas, pero si el pensamiento vuelve, repite con gentileza: "Ahora mismo no te necesito".

- Si un pensamiento repetitivo es más insistente, como el impulso de ir por una botana, céntrate, inhala algunas veces y entra en modo meditativo.

- Si el pensamiento recurrente es una preocupación, toma pluma y papel y escribe cómo te sientes. Sigue escribiendo y permite que la emoción siga hasta que quiera. Tal vez sientas que estás escribiendo tonterías, pero la preocupación es irracional. Al permitirle que diga lo que tiene que decir, sin importar qué tan infantil o quejumbroso sea, disipas la energía emocional que alimenta la preocupación.

- Cada vez que sientas que tu mente está llena de ruido, sal del modo pensativo. Por ejemplo, a menudo el ruido mental aleatorio se asocia con el insomnio. El motor de la mente sigue andando, aunque tú no tengas un motivo para seguir pensando. En esta situación, la respiración vagal (página 42) es un remedio muy útil. Otra forma de salir del modo pensativo es visualizar una mancha de color en el ojo de tu mente. Mantén tu atención enfocada en el color, y si los pensamientos te distraen, regresa al color sin problemas.

Ninguna de estas prácticas busca que te esfuerces. En la vida cotidiana, los pensamientos repetitivos en algún momento se desvanecen. Si ya sabes cómo centrarte en ti mismo, ya conoces la diferencia entre estar despierto y estar dormido. Los hábitos y los pensamientos repetitivos no se quedan contigo cuando estás despierto.

Aun así, vale la pena saber qué pensamientos, recuerdos, impulsos y hábitos molestos son fragmentos del ego. Se pegan porque el "Yo" es pegajoso. Sé paciente en el proceso de despegarte. Has vivido mucho tiempo con "Yo", y cada día has adoptado su punto de vista ante cosas grandes y pequeñas. Cambiar a un punto de vista diferente requiere que regreses al modo meditativo con tanta frecuencia que se convierta en la nueva perspectiva de la mente. Cada pequeña experiencia de estar en el modo meditativo —centrado, tranquilo y en balance— le enseña al cerebro a quedarse ahí y con el tiempo se quedará ahí de forma permanente.

INTENCIÓN Y RESISTENCIA

Despertar nos da una perspectiva más expandida que la personalidad aislada del ego. Cuando estás despierto, tu conciencia se aclara por las cosas que afectan al "Yo" todos los días. Como estás alineado con el poder infinito de la conciencia, tus deseos se satisfacen con facilidad, como si el camino hubiera sido suavizado de antemano. Tu intención alcanza la meta deseada en una línea recta, como se indica en el siguiente diagrama.

Intención → logro

Cuando tienes una intención consciente, la conciencia logra todos los resultados exitosos, sin tropiezos en el camino. El camino para lograr las emociones simples —levantar el brazo, conducir un auto, hablar por teléfono— es tan automático que rara vez pensamos en ello. Pero una interrupción a lo largo del camino puede bloquear todo el proceso. Conozco a una mujer que conducía a casa desde un restaurante al atardecer. Se sentía relajada después de haber tomado una copa de vino y haber tenido una buena comida. La calle por la que iba llegó a una intersección y luego de una pausa dio vuelta a la izquierda. Por descuido no había mirado hacia la derecha, y un instante después un tráiler chocó contra su auto. Ella no murió, sólo por una fracción de segundo.

Quedó muy afectada por haberse salvado casi de milagro. Desde ese día le permitió a su esposo que manejara siempre; cuando sucedió el accidente él iba en el asiento trasero y sufrió lesiones muy leves en el cuello. Pero el trauma del accidente lo marcó. Perdió el apetito durante varios meses y bajó 10 kilos. En el momento en que escribo esto, tres años después del accidente, la mujer no ha sido psicológicamente capaz de estar detrás del volante de un auto, ni siquiera para manejar una cuadra para ir al buzón en una calle casi desierta detrás de su edificio. La misma mente que aprendió a manejar un auto —una habilidad que algunos psicólogos consideran que es la más intrincada y que la mayoría de la gente domina en la vida cotidiana— ahora se siente paralizada. No importa que la mujer quiera manejar. Su deseo ha sido bloqueado.

Hay incontables maneras en que puede suceder un resultado no deseado, pero se puede diagramar un patrón general como sigue:

Intención → ← logro

Cada situación en la que estás bloqueado, ya sea por tu propia mente o por fuerzas externas, encaja en este diagrama. Quieres hacer algo (intención), pero te encuentras con la resistencia. Haz una pausa por un momento y piensa en algo sobre ti que te parezca muy difícil de cambiar. Para una persona, puede ser el peso y la imagen corporal; para otra, la falta de amor; para otra más, una sensación de frustración en una relación. Una vez que señales un ejemplo de atoramiento, es muy probable que los siguientes puntos sean ciertos:

Has sabido de este problema desde hace tiempo.

Has pensado en él con frecuencia.

No has progresado para resolverlo, o el progreso ha sido temporal.

Nadie te ha dado un consejo útil.

En tus peores momentos te sientes indefenso, sin esperanza o las dos cosas.

Sigues repitiendo cosas que nunca te han funcionado.

Al final, simplemente soportas lo que ha salido mal.

En pocas palabras, así es como la resistencia toma la delantera. Todo mundo tiene limitaciones que se generan al encontrarse con la resistencia. "Yo" es parte del proceso, ya que el ego está moldeado por las decepciones del pasado, todas esas veces en que las cosas no sucedieron como tú querías. Todo el tema del atoramiento depende de un simple hecho: las experiencias vienen y van, pero algunas dejan una impresión duradera. Estas impresiones caen a lo largo de un espectro que va desde lo más superficial hasta lo más profundo. La primera impresión que tienes de otra persona puede convertirse en una enemistad duradera o en un amor para toda la vida, pero por lo regular cae en algún punto intermedio. Tu crianza dejó en ti una impresión duradera, aunque en ese entonces no tuvieras idea de que esto sucedía. Las impresiones profundas se quedan pegadas; las más superficiales desaparecen bastante rápido —la película que te hizo llorar puede permanecer en la mente durante unas horas o más, pero pocas películas se quedan en la mente más tiempo—. No hay manera de contabilizar las impresiones buenas y malas creadas en las experiencias tempranas de un niño. Sin duda, esas experiencias nos marcan. Pero al mismo tiempo compensamos lo malo y seguimos adelante.

Este patrón de respuesta no niega el hecho de que las soluciones actuales para desatorarnos por lo general no son eficaces. Brindar información no basta, como lo evidencia el hecho de que una cuarta parte de los estadounidenses adultos continúa fumando por más de 50 años, después de que las autoridades de salud declararan que había una relación definitiva entre fumar y el cáncer de pulmón. Las etiquetas nutricionales en los alimentos envasados no han logrado prácticamente nada para detener la epidemia de obesidad en el país. La psicoterapia tradicional ha sido igual de deficiente con las formas más comunes de sufrimiento mental. El mercado multimillonario de los antidepresivos y los tranquilizantes ha fallado, y estos medicamentos mejoran los síntomas sólo en cierto porcentaje de pacientes. La ciencia médica más avanzada todavía no encuentra la cura para la depresión y la ansiedad.

El problema esencial es que cuanta más resistencia encontramos, es más probable que nos definamos de formas limitantes. "Estoy deprimido" o "Estoy ansioso" se convierte en parte de la imagen que una persona tiene de sí misma, si la enfermedad dura lo suficiente. A veces nos culpamos por los resultados frustrantes; otras veces culpamos a las circunstancias externas. Sin importar lo que nos digamos, parece que cuando nuestros sueños no se vuelven realidad inevitablemente comenzamos a reducir nuestras expectativas.

Una de las principales causas de la infelicidad es la disminución de nuestras expectativas. Cuando nos desatoramos, aumentan poco a poco las esperanzas de tener expectativas más elevadas. Sin embargo, en la vida cotidiana tienes que resolver la experiencia de encontrar resistencia antes de que tus expectativas más elevadas puedan volverse realidad.

MEDITACIÓN TOTAL

Lección 12: Resistencia

Cuando la vida se resiste a ti, tienes que hacer algo. Imagina que vas a viajar y que en el aeropuerto descubres que tu vuelo viene retrasado. Es importante que llegues a tiempo para el vuelo de conexión, pero no es seguro y depende del tiempo que durará el retraso de este vuelo. La vida se está resistiendo a tus planes, entonces ¿qué haces? Por lo regular la gente elige entre un menú de opciones.

Puedes quedarte ahí sentado y molesto.

Puedes caminar o leer un libro para distraerte de la situación.

Puedes quejarte con la gente del mostrador.

Puedes negociar que te suban a otro vuelo.

Puedes programar el vuelo para el día siguiente e irte a casa para relajarte.

Existen otras opciones menos probables. Si eres muy rico, quizá busques un avión privado. O de manera más realista si el vuelo está retrasado debido al mal clima, puedes optar por viajar en tren. La gama de respuestas es tan amplia que la mayoría de nosotros rara vez tenemos certeza sobre cuál elegir. Terminamos con una confusión y un conflicto interno. Un vuelo con retraso es un problema simple. Responder a la resistencia puede volverse mucho más complicado en otras situaciones, como en el trabajo o las relaciones personales.

El atoramiento es el resultado de los triunfos de la resistencia. Avanzar es el resultado de los triunfos de tu intención. Tú tienes control sobre los diferentes resultados.

Cuando la resistencia gana, te permites caer en una o más de las siguientes respuestas:

Cedes ante el enojo, el resentimiento o el miedo.

Pierdes el control de tus opciones.

Vuelves a caer en viejas respuestas que no tienen probabilidad de funcionar.

Titubeas por estar indeciso.

Buscas a quien culpar.

Te das por vencido porque "ellos" son demasiado fuertes y no puedes enfrentarlos.

Te conviertes en una víctima.

Intentas presionar o acosar a alguien para eliminar el obstáculo.

Te retiras sin una solución.

Le pides a alguien que resuelva el problema por ti.

Esta lista es la anatomía de la frustración. Ninguna de estas respuestas te saca del atoramiento, aunque tus tácticas ganen a corto plazo. La próxima ocasión que te encuentres con la resistencia, una vez más entrarás en confusión y conflicto interno, y no lograrás superar la resistencia. Hay personas que se aferran a una sola respuesta. Por ejemplo, siempre acosan a otros o ceden y no hacen nada. Pero estas personas están atoradas, y ése es el problema que estamos tratando de resolver.

En contraste, cuando *vences* la resistencia, has hecho uso de una o más de las siguientes respuestas ante la resistencia:

No cedes ante el enojo, el resentimiento o el miedo.

Puedes ver con claridad tus posibles opciones.

No caes en viejas respuestas que no tienen probabilidad de funcionar.

No tomas decisiones si tienes dudas.

No culpas a nadie, incluyéndote a ti mismo.

No peleas contigo mismo ni con los demás.

Confías en que el resultado será bueno.

No presionas ni acosas a nadie para eliminar el obstáculo.

Permaneces abierto a las soluciones inesperadas.

Como puedes ver, cuando encuentras resistencia en tu vida hay muchos factores involucrados, pero la mayoría de la gente no ve la complejidad de las cosas como realmente son. Si encuentran oposición, reaccionan con los mismos reflejos de siempre. Por ejemplo, las discusiones maritales repiten el mismo patrón año con año. Pero sería inútil tratar de abordar cada punto de la lista de cosas que conspiran cuando gana la resistencia.

La conclusión es más tajante: gana la resistencia o ganas tú. Esto no es una simplificación excesiva. Se remonta a la premisa de que cuando estamos en balance, el cuerpomente está alineado con la conciencia total. Sólo la conciencia total puede controlar los elementos diversos que están en juego. Esto es verdad en la vida de una célula y también en nuestra vida cotidiana.

5

Desatorarse

Desatorarse sucede por completo en la conciencia, porque es donde se localizan todas las experiencias. La meditación total aprovecha esto de una forma que ninguna otra cosa puede lograr. Si no puedes olvidar algo o perdonar a alguien de tu pasado, no hay un remedio físico para ello. Sólo la conciencia puede alterar la conciencia. No existen los medicamentos que borran la memoria, y si existieran, es difícil pensar cómo un medicamento podría borrar un mal recuerdo y dejar intactos los buenos.

La palabra *impresión* evoca imágenes de marcas físicas, como la impresión de una huella digital en una escena del crimen o las huellas en la nieve. Pero en realidad la conciencia deja huella por sí misma. No es fructífero buscar respuestas en los centros de memoria del cerebro. Necesitas un cerebro para recordar las cosas, al igual que necesitas una televisión para convertir las señales electrónicas en imágenes que aparecen en una pantalla. Si avientas la televisión de la ventana de un segundo piso, no habrá más imágenes, pero las señales no se verán afectadas.

De forma similar, el cerebro produce pensamientos, imágenes y recuerdos a partir de señales que se originan en la conciencia. Si sufres una conmoción cerebral, el trauma que recibe el cerebro puede crear amnesia temporal, y obviamente la pérdida permanente de memoria es uno de los aspectos más temidos de la enfermedad de Alzheimer. Las lesiones en el cerebro y la demencia indican que la memoria ha sido dañada, pero esto dice muy poco acerca de la memoria normal. De hecho, la memoria normal sigue siendo casi un completo misterio. Es cierto que la investigación sobre la memoria ha avanzado en décadas recientes y ha superado lo que les enseñaban a los estudiantes de medicina; por lo que sabíamos de la memoria, la cabeza bien podría estar llena de aserrín. Hoy los investigadores pueden crear recuerdos falsos en las personas y borrar recuerdos en animales de laboratorio. De todas formas, los humanos ya somos expertos en hacer las dos cosas por nuestra cuenta.

En el otoño de 1940, cuando comenzó el Blitz de Londres, el aclamado neurólogo inglés Oliver Sacks tenía siete años. Su familia vivía en la zona en la que los aviones alemanes lanzaron bombas incendiarias. Estas bombas no estaban llenas de explosivos, sino de químicos sumamente inflamables como magnesio, fósforo o petróleo (napalm). Su propósito era crear incendios generalizados y difundir el terror. Sacks recuerda a su papá corriendo en el patio trasero y cargando cubetas de agua después de que cayera una bomba incendiaria, tan sólo para descubrir que cuando se vierte agua en un incendio originado con magnesio o fósforo, las flamas se expanden de pronto y empeoran el fuego.

Décadas más tarde, cuando Sacks escribió acerca de la memoria, se enteró por su hermano mayor que ninguno de estos recuerdos vívidos era cierto. Durante el Blitz enviaron a Sacks al campo, al igual que a todos los niños pequeños. Él no estuvo presente cuando las bombas incendiarias cayeron en el patio. Esos recuerdos pertenecían a su hermano mayor, que había estado presente, y Sacks los había hecho suyos por las historias que le habían contado. En este caso, el recuerdo real, de haber estado lejos de casa en el campo, fue borrado y un recuerdo falso lo reemplazó.

En definitiva, dado que no tenemos idea de cómo se crean los pensamientos, nuestra comprensión de cómo son recordados u olvidados yace oculta en la oscuridad. Sería más útil si tuviéramos en nuestro idioma un equivalente del término sánscrito *samskara*, que se refiere a las impresiones en la conciencia que moldean nuestras acciones. Los samskaras pueden ser buenos, como un talento musical o artístico, o indeseables, como una tendencia hacia la violencia.

Como un samskara se establece en el pasado, la memoria entra en juego, pero nadie sabe por qué un recuerdo deja una impresión indeleble mientras que otro no. Una pista es la emoción. Si una emoción fuerte se asocia con una experiencia, es probable que el recuerdo resultante también sea más fuerte y más vívido. Pero este conocimiento es bastante básico. Es evidente que las emociones fuertes producen recuerdos más indelebles que las experiencias neutrales, que no desencadenan sentimientos fuertes. Alrededor del mundo toda una generación recuerda haber escuchado la noticia de que le dispararon al presidente Kennedy. Se convirtió en el tipo de recuerdo en el que millones de personas todavía pueden ver dónde estaban cuando les dieron la noticia. Los recuerdos más pequeños y personales son mucho más escurridizos.

Los investigadores de la memoria todavía están lejos de saber por qué la memoria es selectiva, imperfecta y personal. Ni siquiera se sabe qué tanto recordamos del pasado. Existe un puñado de personas excepcionales que pueden recordar cada momento del pasado, incluyendo el patrón del papel tapiz de su habitación cuando tenían cinco años, las canciones que escucharon y los programas de televisión que vieron en una fecha específica, o el marcador en el tercer juego de la Serie Mundial, en pocas palabras, su rememoración es perfecta.

Esta condición, conocida como memoria autobiográfica superior, afecta a una cantidad mínima de personas, y nadie sabe si la persona promedio tiene guardado o no todo su pasado. Tal vez el problema no sea la memoria, sino la evocación. En el Occidente moderno tenemos que ser lo suficientemente humildes para aceptar que la genética no ofrece una mejor explicación que la simple experiencia cotidiana. Cuando un niño se parece a sus papás de alguna forma, el dicho "es de familia" es casi tan preciso como identificar un gen específico. En ambos casos se expresa una mera probabilidad, y a veces ni siquiera eso. Por ejemplo, tu altura está influida por más de 20 genes separados, junto con la dieta y otros factores de tu infancia.

Las tendencias innatas como el talento y el genio desafían por completo a los genes. Por ejemplo, en YouTube puedes ver a una niña de siete años, Himari Yoshimura, de Japón, tocando el Concierto para piano no. 1 de Paganini. Para tocar esta pieza se requiere un virtuosismo deslumbrante, y el hecho de que Yoshimura haya ganado el primer premio en un concurso prestigioso de violín en 2019, a una edad en la que algunos niños apenas están aprendiendo a amarrarse las agujetas de los zapatos, anula por completo el conocimiento que tenemos sobre la capacidad del desarrollo temprano del cerebro.

Ya sea que tengamos el nombre correcto para los recuerdos impresos, rasgos familiares compartidos, tendencias innatas, genio, talento prodigioso o experiencias cotidianas pegajosas, la pregunta es: ¿cómo superamos estos samskaras cuando nos limitan? Se requiere la intervención de la conciencia. Estamos hablando aquí de limitaciones psicológicas, ya que los samskaras físicos como un trastorno hereditario o un defecto congénito son otro asunto. Permíteme ilustrar lo que quiere decir una limitación psicológica arraigada en el pasado.

Un niño con problemas en la escuela necesita apoyo y ayuda de sus maestros y sus padres. Si el niño no es comunicativo, una vocecita dentro de él comienza a decirle: "Nadie te va a ayudar nunca".

Peor aún, si le hacen sentir al niño que es estúpido o que está dañado, la vocecita comienza a decir: "No eres lo suficientemente bueno".

Hace poco conocí a un hombre de mediana edad —lo llamaremos Randy— que era un calificado programador de *software*, pero tenía tan poca confianza en sí mismo que se le dificultaba encontrar un trabajo o mantenerlo. Cuando hablamos, él mencionó una experiencia traumática de su infancia. En primero y segundo año no podía comprender ni siquiera las lecciones sencillas que impartía la maestra, lo cual provocó que se encogiera dentro de sí mismo y rara vez hablara. La escuela determinó que tenía problemas de aprendizaje, y sus padres aceptaron meterlo a una clase de necesidades especiales. Él siguió desempeñándose con deficiencia, y se asustó al estar rodeado de niños que habían entrado a la clase por problemas de conducta.

Pasó dos años así, y entonces los padres notaron por primera vez que a Randy se le dificultaba atrapar una pelota. Al examinarle los ojos descubrieron que era muy miope. Resultó que Randy tenía un coeficiente intelectual más alto que el promedio, pero había fracasado en la escuela porque no podía ver el pizarrón. Era tan sencillo como eso. Entonces volvió a la escuela, donde se desempeñó bien ahora que ya podía ver, pero quedó marcado por haber sido incomprendido, juzgado y considerado inferior durante dos largos años.

Ya adulto, a principios de sus veinte, Randy comenzó a meditar, y su experiencia traumática comenzó a perder intensidad de dos maneras. Descubrió que ya no se identificaba con ella, y cuando los viejos recuerdos dolorosos resurgían, ya no lo hacían sentir tan mal, lo cual indicaba que se estaba liberando del pasado en general. El proceso de liberarse a uno mismo de la impresión de los samskaras puede suceder naturalmente si el ego, que tiene raíces profundas en el pasado, cede a una percepción más expandida de ti mismo —en el caso de Randy, fue por medio de la meditación.

Recordé un dicho que escuché por primera vez cuando era un niño en India: los samskaras primero se escriben en piedra, luego en arena, luego en agua y finalmente en el aire. Este dicho expresa poéticamente cómo la conciencia disminuye el efecto de las impresiones del pasado. Pero ¿cuál es el proceso, en términos prácticos? Para responder esta pregunta tenemos que analizar más de cerca cómo se quedan atoradas las experiencias pasadas.

MEDITACIÓN TOTAL

Lección 13: Adherencia

El término *pegajoso* es útil para denominar las experiencias que dejan una impresión profunda, porque se quedan en nosotros y al mismo tiempo se adhieren al igual que el pegamento. Esta imagen se entiende con facilidad, pero no es sólo una imagen. Nadie puede predecir de antemano qué experiencia se adherirá y cuál se deslizará sin dejar una impresión. Sin embargo, nuestra preocupación está en el presente. Desatorarse sucede en el aquí y el ahora. Las explicaciones del pasado son interesantes, pero en realidad no son relevantes. Por ejemplo, los estudios de la memoria han demostrado que cuando captas el recuerdo de algo traumático en el pasado, como ser un niño de tres años que se aterra en el supermercado porque no ve a su mamá, el recuerdo no es confiable. A menudo se fusionan varias experiencias de pánico que no recuerdas. Aún más, los detalles del recuerdo son más oníricos que fotográficos. Tal vez estabas perdido en una ferretería o en un estacionamiento.

Para efectos prácticos, la adherencia se puede abordar por medio de dos aspectos: la creencia y las emociones. Las experiencias se adhieren a nosotros cuando creemos que añaden algo verdadero a nuestra historia personal, y serán más pegajosas si una fuerte carga emocional prevalece alrededor de ellas. Primero analicemos la creencia. Haz una pausa y piensa en una cualidad personal tuya que crees que sea verdadera, y exprésala como: "Yo soy _____". Llena el espacio con una palabra positiva como *agradable, atractivo* o *inteligente,* aunque por lo regular hay una creencia más fuerte vinculada a palabras negativas como *antisocial, tonto, torpe* y *no atractivo.*

Cualquiera que sea la cualidad que hayas escogido, ésta no salió de la nada. Estaba integrada como una creencia bajo condiciones que provocaron que se adhiriera. Generalmente, las creencias arraigadas presentan los siguientes cuatro elementos:

Le creemos a la primera persona que nos dijo algo.
Creemos cosas que se repiten con frecuencia.
Le creemos a la gente en quien confiamos.
No escuchamos una creencia contraria.

Sería normal que si crees que eres atractivo o no, la primera persona que te lo dijo haya sido uno de tus padres. Con esa semilla implantada escuchaste lo mismo una y otra vez, o bien se ha quedado gracias a experiencias repetidas que la reforzaron. Cuando eras pequeño confiabas en tus padres y creías lo que te decían. Y, finalmente, nadie llegó a contradecir tu creencia.

Las cosas personales que nuestros padres nos dijeron, llamadas afirmaciones normativas, son especialmente poderosas. Los niños pequeños toman como un hecho las afirmaciones como: "Eres flojo", "No eres tan bonita como las demás niñas" o "Nunca lograrás mucho". Pero están infundidas con valores subjetivos o normas. Decir: "Obtuviste un 10 en aritmética", no tiene un impacto subjetivo comparado con una afirmación normativa como: "Eres muy inteligente, obtuviste un 10 en aritmética". Es mucho más probable que la última afirmación sea pegajosa.

Las cosas pegajosas que te dijeron sobre ti mismo se integraron como samskaras. La impresión puede ser profunda o superficial conforme se mezcla en la historia acumulativa de toda tu vida. La influencia de una experiencia pegajosa es totalmente personal. Si te dicen que no eres tan bonita como otras niñas, puede llevar a toda una gama de reacciones. Podrías crecer envidiando a todas las mujeres que crees que son más bonitas que tú, podrías pensar que ser bella es igual a ser tonta, podrías descuidar tu apariencia personal u obsesionarte con el maquillaje, cualquier reacción es posible.

Una parte del despertar es comprender la diferencia entre la realidad y la ilusión. La conciencia funciona en cada aspecto de tu vida, pero también puedes enfocarte en las creencias que has adoptado inconscientemente. Volverte consciente de las creencias pegajosas implica una especie de disección. Analiza los cuatro elementos detrás de las creencias fuertes y pregúntate:

¿Quién me dijo esto por primera vez?
¿Me lo repitieron muchas veces?
¿Por qué confié en la persona que me lo dijo?
¿Hay algún motivo para creer lo opuesto?

En otras palabras, le das la vuelta a las experiencias que provocaron que tu creencia fuera pegajosa, y al darles la vuelta, la creencia se vuelve cada vez menos pegajosa. Si tu madre te dijo que no eres bonita o tu padre te dijo que eres flojo, ¿por qué deberías creer en ellos automáticamente? No importa con cuánta frecuencia escuchaste su opinión. Ahora que eres un adulto puedes separar la opinión del hecho. Piensa en experiencias que indican lo atractivo que eres a los ojos de otras personas o la forma tan diligente con la que realizaste una tarea.

El punto es entrar en contacto con el niño dañado que está dentro de ti, en vez de permitir que siga dictando lo que crees. Las áreas más importantes en las que te debes concentrar son tus creencias personales más profundas, conocidas como creencias centrales. Éstas se fijan en la perspectiva que tienes acerca de algunas preguntas cruciales:

¿La vida es justa?

¿Se puede confiar en los demás?

¿Existe un poder superior en el universo?

¿El bien triunfa sobre el mal?

¿Debería esperar lo mejor o prepararme para lo peor?

¿Mi actitud debería ser relajada o vigilante?

¿Estoy a salvo?

¿Soy amado, cuidado y apoyado por otros, o sólo cuento conmigo mismo?

¿Soy lo suficientemente bueno y amable?

Ciertamente tienes una creencia con respecto a todas estas cosas. Aunque para ti algunas preguntas son más importantes que otras. No hay respuestas fácticas que te guíen. "Estoy a salvo" o "Soy digno de amor" son evaluaciones subjetivas. Están arraigadas en la manera en que se construyó la personalidad del ego. Como adulto puedes ver que tus creencias centrales están relacionadas con cómo fuiste criado. O bien las opiniones subjetivas de tus padres se convirtieron en tus opiniones subjetivas, o sucedió lo contrario: crees lo opuesto de lo que ellos creían. De esta forma, "Yo" está construido a partir de un sistema de valores que esencialmente no tiene fundamento y es de segunda mano.

Cuando ves lo quebradizas que son tus creencias, incluso las más preciadas, ya has visto la realidad. Ahora eres libre de crear tus propias creencias centrales, que es lo que hacen los adultos maduros. Ellos tienen sus propios valores personales. Hacen juicios basados en hechos y en la experiencia directa. No están influidos de forma errónea por opiniones de segunda mano. En términos psicológicos éstos son buenos avances, pero al final todas las creencias son ilusorias. Conducen a respuestas generalizadas —como pensar que la vida es injusta o que no se puede confiar en los demás— que inherentemente son poco fiables. La vida cambia todo el tiempo. No es siempre justa o injusta como una regla, ni siquiera como una regla de oro. Asimismo, la siguiente persona que conozcas puede ser totalmente confiable o un completo mentiroso.

La solución es ir más allá de todas las creencias. Ésta es la meta en la meditación total. Al vivir en el presente sin la carga de las viejas creencias, estás despierto ante la situación que tienes enfrente. El propósito de diseccionar tus creencias centrales es para despedirte de ellas. Una creencia no saludable representa el fósil de los pensamientos negativos en tu pasado. No hay necesidad de aferrarse a ellos.

El segundo aspecto de la adherencia es que es emocional. Las emociones son más pegajosas que los hechos. Si un perro agresivo te aterrorizó cuando eras pequeño, no es probable que el hecho de que la mayoría de los perros son inofensivos y amigables cambiará tu actitud hacia ellos. Ser objeto de burlas por tartamudear era doloroso, aunque tus padres te dijeran que la mayoría de la gente que tartamudea supera el problema cuando crece.

Páginas atrás mencioné que un número diminuto de personas, tal vez dos docenas en todo el mundo, tienen la capacidad de recordar todo su pasado con precisión fotográfica. Sin embargo, esta condición, la memoria autobiográfica superior, no es tan neutral como una fotografía —las emociones asociadas con el recuerdo también regresan—. Como lo dijo una mujer con pesar, debido a su memoria perfecta pudo recordar todas las veces que su mamá le dijo que era gorda.

La parte más pegajosa de un recuerdo es su carga emocional, la cual algunos psicólogos han llamado nuestra deuda emocional del pasado. Nos aferramos con terquedad a viejos resentimientos, agravios, temores y sentimientos heridos. Cuando en las nubes se acumulan las cargas positivas y negativas, vemos la descarga explosiva de los truenos y relámpagos. En los seres humanos ocurre lo mismo cuando alguien dice: "Ésta es la gota que derramó el vaso", y entonces libera la ira contenida.

El truco es descargar la energía emocional sin una explosión repentina. Siempre hay formas de liberar la ira, el miedo y el resentimiento antiguos sin permitir que se acumulen. O si ya te estás aferrando a estos sentimientos almacenados, las mismas técnicas son útiles. La diferencia es que cuanto más tiempo te has aferrado a las emociones, más tiempo te tomará liberarlas.

Cómo descargar las emociones pegajosas

Las siguientes técnicas para descargar las emociones pegajosas son fáciles y natas. Por su propia naturaleza las emociones suben y bajan, y casi siempre es suficiente un periodo de reflexión para volver a un estado equilibrado. Pero las emociones pegajosas no desaparecen por sí mismas. Necesitan de tu ayuda para descargarlas por medio de diversas prácticas.

TÉCNICA #1: Si sientes una emoción incómoda que persiste, céntrate e inhala lento y profundo hasta que notes que la carga emocional comienza a disminuir.

TÉCNICA #2: Si reconoces una emoción que ha estado contigo durante mucho tiempo, observa que ha regresado y di: "Así era antes. Ya no estoy en el mismo lugar. Aléjate ahora".

TÉCNICA #3: Con una emoción especialmente obstinada, siéntate en silencio con los ojos cerrados y permítete sentir la emoción; hazlo con ligereza, no te hundas profundamente en ella. Inhala profundo y exhala despacio, liberando la energía emocional de tu cuerpo. Podría ser útil que imagines tu aliento como una luz blanca que al salir de tu boca se lleva el sentimiento tóxico fuera de ti.

TÉCNICA #4: Si no sientes una emoción específica, sino un estado general de desánimo, tristeza o malhumor, siéntate en silencio y dirige tu atención a la región de tu corazón. Visualiza ahí una pequeña luz blanca y permite que se expanda. Observa la luz blanca ensancharse hasta llenarte todo el pecho. Ahora expándela hacia la garganta, luego hacia la cabeza y hasta la coronilla de tu cabeza.

Tómate unos minutos para realizar esta técnica hasta que sientas que está completa. Ahora regresa la atención a tu corazón y expande la luz blanca de nuevo hasta que llene tu pecho. Ahora observa cómo se extiende hacia abajo y llena el abdomen, y se mueve hacia las piernas, y finalmente sale por las plantas de los pies hacia la tierra.

Estas cuatro técnicas pueden aplicarse de forma separada o bien una después de otra. Pero es importante ser paciente. Una vez que uses una técnica, tomará tiempo para que todo tu sistema emocional se adapte a la descarga. Tal vez no te sientas mejor de inmediato. Pero la intención de descargar las emociones pegajosas es poderosa, y el mensaje llega a todas las células y los rincones de tu conciencia.

También recuerda que las emociones quieren descargarse. Está en su naturaleza. Así que si creas un camino para que transiten, ellas te soltarán. Es tu decisión permitir que se descarguen o buscar razones para aferrarte a ellas. Estas razones están basadas en el ego, que siente que tiene justificación para guardar resentimientos, nunca ignorar un agravio leve y fantasear con la venganza. Tu yo verdadero no tiene estas intenciones. Si eres sensible, la próxima vez que te vayas por una tangente emocional, o que veas a alguien haciéndolo, observarás que el ego obtiene una especie de placer arrogante al demostrar su enojo almacenado.

Pero este placer es momentáneo. A la larga, las emociones pegajosas te mantienen atado al ego y te privan de la vida despierta. Si te dedicas a descargar las viejas emociones y sinceramente quieres que desaparezcan, ésos son signos de que estás despertando. Si pudiera, el "Yo" se aferraría a las emociones tóxicas para siempre, creyendo de forma errónea que vale la pena acumularlas. Pero no es así.

6

Empoderamiento personal

La meditación total expande tu conciencia, y con esta expansión llega el poder personal. El poder basado en la conciencia no sólo es posible sino también automático, y en ello radica un secreto. La típica imagen de una persona poderosa está vinculada a indicadores sociales como el dinero, el estatus y la capacidad de dar órdenes a los demás. Y por desgracia, como lo hemos visto a lo largo de la historia, esos pocos que alcanzan un gran poder suelen tratar con prepotencia a quienes tienen menos poder o que se sienten impotentes.

La fuente real del poder es misteriosa, y cuando las figuras públicas más ricas y prominentes se sinceran, a menudo están sorprendidas por haber llegado a la cima. La mayoría dice que la suerte tuvo mucho que ver —tan sólo estaban en el lugar correcto en el momento adecuado—. Dejando de lado la fortuna, el camino al empoderamiento debe ser clarificado y volverse práctico.

Hasta ahora, bien podrías estar satisfecho con tus elecciones de vida, lo que indica que las cosas te han salido bien. Pero la mayoría de la gente ve sus elecciones de vida como una mezcla de cosas buenas y malas. Sin importar cuál sea tu actitud al respecto, hasta ahora ninguna cantidad de éxito es lo mismo que vivir a partir de un punto de partida de posibilidades infinitas. En la meditación total reformulas tus expectativas y vives cada vez más cerca de tu fuente de conciencia total. Entonces el empoderamiento comienza a ocuparse de sí mismo. Es decir, te alineas naturalmente con el nivel de conciencia que organiza el resultado correcto para cualquier situación o desafío. Si tus deseos están alineados con metas positivas, entonces todo el asunto del empoderamiento ya ha sido resuelto.

MEDITACIÓN TOTAL

Lección 14: El menor esfuerzo

Decir "sí" o "no" es quizá la decisión más básica que la gente toma todos los días. Esta decisión se toma una y otra vez, y la gente que tiene el hábito de decir que no la mayor parte del tiempo, no se hace la vida fácil. Decir que sí todo el tiempo también tiene sus propios problemas. Terminamos diciendo sí o no básicamente al repetir una decisión que hemos tomado muchas veces antes. Actuar por costumbre es arbitrario. Los padres se exasperan cuando su hijo rechaza todos los alimentos diciendo: "No me gusta", ante lo cual la respuesta de frustración es: "Ni siquiera lo has probado". Cuando rechazamos lo nuevo y lo desconocido siendo adultos, en esencia estamos regresando a ese hábito infantil de decir no sin pensarlo en realidad.

Este problema puede ser reformulado en términos de resistencia. Si no encuentras resistencia en tu vida, habría menos motivos para decir no. ¿De dónde proviene la resistencia? Cuando otras personas se resisten a nosotros, reaccionamos con irritación y presionamos. Pero debemos prestar mucha atención a la resistencia oculta dentro de nosotros. Nadie discutiría las siguientes sentencias:

- Las demás personas son más tolerantes si no te opones a ellas.
- Con frecuencia, obtener lo que quieres implica darle a alguien más lo que desea.
- La cooperación logra más resultados que la falta de cooperación.
- No puedes evitar que alguien reaccione como quiere reaccionar.
- Es fácil decir no a cosas que son nuevas y desconocidas.

Tenemos que lidiar durante toda la vida con estos puntos, pero cuando comprendes la naturaleza de la conciencia, cada punto de la lista cambia. Dado que la conciencia es total, *nunca se resiste a sí misma*. El océano puede estar tormentoso, pero no importa cuán turbulentas estén las aguas, no opone resistencia a sí mismo. Tan sólo ha entrado en una nueva modalidad, tormentosa en vez de en calma. La conciencia hace surgir todo tipo de tormentas en el comportamiento humano. No tenemos que eliminar la violencia, la disonancia, las controversias y los conflictos que han atormentado a lo largo de la historia. La vida cotidiana te enfrenta con la oportunidad de luchar o ceder, entrar a una discusión o mantenerte al margen. No existe un patrón de comportamiento que se adecue a todas las situaciones. La sociedad se regocija por haber salido victoriosa en la guerra y un instante después venera a pacifistas como Gandhi.

Sin una visión más profunda, estos impulsos contrarios persistirán y permanecerán enfrentados. Por su propia naturaleza, la conciencia es ordenada y organizada. Podemos verlo en la perfecta organización de una célula, que no desperdicia una sola molécula de oxígeno y nutrientes. La naturaleza como un todo opera por medio de leyes de movimiento, calor, gravedad y demás, las cuales tienen una cosa muy importante en común: toman el camino más corto entre A y B, porque requiere el menor esfuerzo. La manzana que cayó del árbol que, según la leyenda, le dio a Isaac Newton su momento de eureka sobre la gravedad, no cayó en zigzag ni tomó una breve desviación para "caer" hacia arriba. En la naturaleza las líneas rectas son la norma, siempre y cuando no haya obstáculos en el camino. El menor esfuerzo no sólo es eficiente. Es la forma más poderosa de alcanzar cualquier meta. Tiene la menor fricción y rodea los obstáculos lo más rápido posible. Si traduces esto a la vida cotidiana, el empoderamiento personal se ve muy distinto. Puedes ajustar cada decisión de las siguientes formas para que esté alineada con el menor esfuerzo:

- No retrocedas de inmediato, ni digas que no sin antes relajarte, centrarte y permitir que responda tu conciencia más profunda. Si le das la oportunidad, la conciencia más profunda prefiere obtener el resultado correcto con el menor esfuerzo. No actúes impulsivamente.

- Cuando te enfrentes a una situación estresante, pregúntate conscientemente si el camino de la menor resistencia está abierto para ti. Si es así, tómalo.

- Aprende a permitir y a soltar más a menudo, en vez de insistir en tomar el control.

- Propicia el consenso y la cooperación.

- No acoses, impongas ni caigas en la actitud "Porque lo digo yo, por eso".

- Busca todas las contribuciones externas que puedas de la gente que está por lo menos igual de consciente que tú.

- Evita a las personas que por lo común hacen lo opuesto de todo lo mencionado en esta lista.

Es importante observar que el menor esfuerzo no es conformismo ni pereza mental. La razón principal por la que no hemos adoptado realmente el menor esfuerzo como camino hacia la conciencia y el empoderamiento personal se reduce al condicionamiento social. Hay toda una mitología alrededor de las recompensas, contraatacar, ganar a toda costa y derrotar al enemigo. Al principio, podrías sentirte tentado por esta mitología, pero la conciencia te muestra un camino mejor. El menor esfuerzo se aplica aquí y ahora, pero debes recordar que cualquier poder derivado de la conciencia se fortalece cuanto más profunda sea tu conciencia. Conforme más meditas con el tiempo y practicas el menor esfuerzo, te acercarás a la fuente de la conciencia pura. Y tus elecciones cada vez serán más exitosas porque el orden y el poder organizativo de la conciencia te apoya.

* * *

Cuando cambias tu punto de partida, se modifica toda la imagen del empoderamiento personal. Imagina que estás a punto de entrar a un lugar donde te desafiará una persona de autoridad, un funcionario fiscal, un abogado o tu jefe. No sabes cómo será este encuentro. ¿Cómo te hace sentir esta posibilidad? Algunas personas se defenderán a sí mismas, su trabajo y sus opiniones con vigor, mientras que otras se presentarán sumisas, nerviosas o serán intimidadas con facilidad.

Te conoces a ti mismo lo suficiente para darte cuenta de cómo podrías reaccionar. Pero el conocimiento que tienes de ti mismo en este caso se trata de la limitación. En la superficie, la persona con el ego más fuerte se verá superior a los ojos de alguien callado y discreto. Pero no se puede predecir cuál tomará las mejores decisiones. En efecto, a menudo recurrimos a fuentes de poder de segunda mano para parecer fuertes, exitosos y en control, aunque muy dentro de nosotros estamos desconcertados por la manera en que funciona la vida.

Y seguimos desconcertados porque estamos desconectados de la fuente de poder. La diferencia entre estar conectado y desconectado es evidente cuando comprendes cómo funciona la conciencia. Cada vez que tomas una decisión, el proceso no es tan racional como la gente supone.

Haz una pausa y reflexiona sobre la última decisión importante que tomaste. Puede ser cualquier cosa. Comprar una casa nueva o cambiar de trabajo no es común, pero tal vez tomaste la decisión de hablar acerca de un problema, ofrecer consejo a un amigo o familiar, hacer una presentación en el trabajo o comprar algo costoso y que debes pensar bien antes de adquirirlo.

En medio del proceso de tomar la decisión, las cualidades de la conciencia entran en juego. Tal vez te hayas encontrado en una de las siguientes posiciones:

Tuviste confianza en ti mismo y estás seguro de que tomarás la decisión correcta. Tienes un propósito definitivo en mente. Estás en control. No lo dudaste.

O bien:

Te sentiste titubeante y dudoso. Vacilaste de alguna u otra manera. Fuiste propenso a la preocupación y las dudas.

Estas cualidades de la conciencia son las que indican qué tan empoderado te sentiste cuando tomaste la última decisión importante. Ciertamente las consideraciones racionales influyeron, pero sólo fueron una parte de la mezcla. Si te sentías muy indeciso, quizá tomaste tu última decisión por impulso. ¿Quién es inmune al remordimiento del comprador?

Si quieres sentirte confiado en vez de indeciso, ¿cómo lo logras? Casi siempre la gente disfraza sus dudas y se muestra más confiada de lo que en realidad se siente. Vuelves a proteger la imagen del ego, en vez de encontrar un nivel de conciencia en el que la norma sea la confianza, la dirección, la certidumbre, el propósito, el sentido, el control y los resultados exitosos. Por eso, una parte esencial de la meditación total es ir más allá del ego.

El problema es que el ego tiene un papel tan importante en nuestra toma de decisiones que es difícil salirnos de él. Cuando lees la afirmación que acabo de decir sobre que existe un nivel de conciencia donde los resultados exitosos son la norma, ¿cómo reaccionaste? Si experimentaste duda o escepticismo, estabas respondiendo desde el ego. No me refiero al egoísmo, que es el ego exagerado. En la vida cotidiana, tanto si eres egocéntrico como si eres humilde, el ego es tu punto de vista individual. Abarca tus experiencias y recuerdos, hábitos y creencias; en otras palabras, toda la historia que has vivido hasta este momento.

Salirse del ego es algo tan extraño que la mayoría de la gente no tiene idea de lo que esto significa. Es totalmente comprensible. La conciencia pura no tiene identidad, no tiene un "Yo" al cual defender. No tiene vínculos con recuerdos, hábitos ni viejos condicionamientos, porque sólo se concentra en el momento presente. Como una experiencia, la conciencia pura es un espacio en blanco desde el punto de vista del ego. El ego registra una experiencia principalmente por medio del deseo y el egoísmo. "Yo quiero X" y "No quiero X" son consideraciones primordiales. "Me gusta cómo se siente esto" y "No me gusta cómo se siente esto" también representan un papel importante, al igual que "¿Esto es bueno o malo para mí?".

Cuando el deseo y el egoísmo no están presentes, el ego se siente desprovisto de experiencia. La experiencia de la conciencia pura se basa en simplemente estar aquí, observando, permitiendo y actuando de la forma correcta sin dudas ni egoísmo. Mantenerte en calma da la vuelta a toda la experiencia. En vez de que la mente se encuentre activa e inquieta todo el tiempo, con un momento ocasional de silencio, paz y relajación, siempre estarás en paz y relajado, y habrá momentos ocasionales en los que algo surja para decir, pensar o hacer.

El contraste es tan grande que muchas personas rechazan el estado de relajación serena en el que la mente quiere estar de forma natural. Para estas personas, la calma interior se siente como que "no pasa nada", así que buscan una fuente inmediata de actividad y distracción. ¿Te has encontrado sintiéndote sin saber qué hacer o nervioso? De pronto te levantas para ir por algo de comer, revisar tus mensajes de texto o buscar qué hay en cada canal de la televisión, generalmente sin pensar o sin que en realidad necesites hacer ninguna de estas cosas. El comportamiento impulsivo surge como un rechazo de estar aquí. El ego percibe su propia inquietud al estar en un lugar de tranquilidad y relajación genuinas, y el "no pasa nada" se vuelve el detonante de la actividad mental sin sentido.

No se puede esperar que de la nada alguien salga del plano del ego hacia el plano de las posibilidades infinitas —semejante salto es casi inconcebible—. Pero podemos apoyarnos en la verdad básica de que la conciencia está en todas partes, participando de todo. Participa en la forma en que llevamos nuestra vida, y por lo tanto nos ofrece un punto a medio camino que es totalmente humano y, aun así, mucho más expandido que el ego. Este punto a medio camino es donde tú, el individuo, encuentras el poder organizativo de la conciencia, el poder que supervisa todo el cuerpomente. Desde aquí, todos los beneficios de la vida despierta están disponibles.

LA MATRIZ HUMANA

Si nos dicen que la conciencia total nos respalda en todo lo que hacemos, tenemos el derecho a preguntarnos: "¿Qué está haciendo por mí hoy?". Ésta no es una pregunta egoísta o presuntuosa. Si examinas tu vida de cerca, resulta que la conciencia no sólo hace mucho por ti cada día, sino que lo hace todo. Hasta ahora, he utilizado comparaciones entre menos poder y más poder, pero en realidad no tienes que compararte con nadie más. Al ser total, la conciencia no puede darte menos o más poder. Ofrece todo para todos. Es como estar vivo. Cuando estás vivo, tan sólo estás vivo, no es cuestión de estar medio vivo o vivo en una décima parte. La vida existe como una sola cosa. Los microbios la tienen, así como las ballenas, las ratas topo, las iguanas y tú.

Como seres humanos estamos incrustados en una red que organiza, gobierna y maneja la existencia hasta el más mínimo pensamiento y la partícula subatómica más diminuta. Yo le llamo a esta red la *matriz humana*. Éste es el punto intermedio entre la conciencia pura y el ego. En la matriz humana, la conciencia ha construido una configuración a la medida para nuestra vida. Hay una matriz diferente para otras criaturas. Un cachalote cuyo cuerpo mente completo está configurado para sumergirse a miles de metros bajo el mar para localizar y comer calamares gigantes, vive en una matriz, al igual que nosotros. No podemos afirmar que la matriz de un cachalote sea más simple o más primitiva que la nuestra.

Cuando la conciencia crea una matriz, nadie puede tener conocimiento total de cómo lo hace. Primero que nada, el proceso es invisible. Segundo, deja tras de sí muy pocas huellas. Las reacciones químicas dentro de una célula están organizadas a la perfección, pero desaparecen después de unas cuantas milésimas de segundo. Un pensamiento da un mensaje significativo, pero después desaparece sin dejar rastro. La matriz humana es dinámica, cambia todo el tiempo, lo cual funciona enormemente a tu favor. Estás rodeado por el poder total de la conciencia que trabaja para ti en automático y tiene pleno conocimiento de lo que necesitas.

Cada vez que tienes un nuevo deseo o intención, toda la matriz reacciona. He dedicado mucho tiempo a explorar la conexión entre la física cuántica y la conciencia. Puedo rastrear mi fascinación con el tema hasta una frase del eminente físico inglés sir Arthur Eddington, que dijo: "Cuando el electrón vibra, el universo se sacude". Lo mismo sucede con la matriz humana. Todo deseo que tienes, sin importar lo pequeño que sea, vibra a través de la conciencia y crea un cambio en su estructura viviente.

No podemos ver el poder organizador que yace detrás de cada cosa que pensamos, decimos y hacemos. Tampoco podemos ver la inteligencia en un escáner cerebral, pero existe. Ningún dispositivo de medición puede cuantificar el amor que sientes, pero cualquiera que se haya enamorado siente su enorme poder. La matriz humana ha estado ahí desde hace cientos de miles de años, evolucionando con cada avance realizado por el *Homo sapiens*. El cerebro superior de nuestros ancestros de la Edad de Piedra se organizó de tal modo que las matemáticas, la literatura y la ciencia ya estaban siendo anticipadas miles de años antes de que aparecieran sus primeros signos. Nuestro cerebro está construido con ADN que es 85% igual al de un ratón, 98% igual al de un gorila y 99% igual al de un chimpancé, que es nuestra relación genética más cercana.

Pero en esa diferencia diminuta, la matriz humana ha sido construida. Nadie sabe cómo es posible eso, porque basarte en el ADN para contar la historia es engañoso e inadecuado. El *Homo sapiens* ha existido desde hace no más de 200 000 años; los chimpancés aparecieron por primera vez hace 18 millones de años. Ellos también tienen cerebros superiores, pero su matriz tiene un potencial casi nulo para las matemáticas, la literatura y la ciencia. Ocupan una matriz que para ellos es completa, y si la evolución sucede, debe ser de forma extremadamente lenta. Aunque nunca lo sabremos de cierto, podemos suponer que los chimpancés ancestrales quizá se comportaban muy parecido a los de la actualidad.

En comparación, la matriz humana ha evolucionado a la velocidad de la luz. Si los humanos de la Edad de Piedra tenían el potencial para las matemáticas, la literatura y la ciencia, no lo sabían, así como un niño de dos años no tiene idea de que posee el potencial para leer. Cuando aprendiste a leer te estabas poniendo al corriente a nivel evolutivo. Tu conciencia desplegó su potencial paso a paso. Pero estos pasos provinieron del pasado. La capacidad de hablar, leer y pensar racionalmente es una herencia que adquirimos de forma automática, simplemente por nacer.

Sin embargo, una vez que alcanzas la madurez te conviertes en la persona encargada de la evolución en el presente. Al estar parados sobre los hombros de nuestros ancestros, puedes impulsar la matriz humana —o por lo menos tu parte de ella— hacia donde quieras. Así que, ¿hacia dónde vas ahora? No existe un mapa —¿cómo podría existir, con siete mil millones de personas tomando decisiones cada minuto?—. Pero si lo miras con perspectiva, existen vínculos que unen a los seres humanos a lo largo de toda la historia. Estos vínculos son nuestro potencial invisible y nos convierten en una especie única de conciencia. Podemos dirigir nuestro camino evolutivo.

Si te detienes por un momento y miras tu mano, puedes observar de forma directa cómo funciona la conciencia. La mano humana tiene 27 huesos, el mismo número de huesos que la mano de un chimpancé. La diferencia principal es que cuando tú relajas la mano, tu pulgar descansa contra la palma —éste es el famoso pulgar oponible del que hablan los evolucionistas—. Los chimpancés y otros primates superiores también tienen un pulgar oponible, el cual usan para pelar plátanos, acicalarse unos a otros y fabricar una herramienta primitiva con una ramita para extraer las larvas de un árbol.

Lo que hace que el pulgar oponible sea un milagro evolutivo en los seres humanos no puede verse en nuestros huesos. El milagro ocurrió en la conciencia y por lo tanto es invisible. El pulgar oponible posibilitó que los seres humanos realizaran un trabajo de detalles finos. Como cuando un artista hace un grabado usando un estilete para rayar las líneas delgadas en una placa de cobre. Hay un grabado así que Rembrandt realizó de sí mismo cuando era joven. Su delicado cabello despeinado rodea su cabeza como un halo rizado. El grabado sería lo suficientemente excepcional si no supieras que el original sólo tiene cinco centímetros de ancho. (Puedes verlo en línea al googlear "Grabado de autorretrato de Rembrandt". Es en el que aparece mirando por encima de su hombro izquierdo.) Aunque los chimpancés sean tan hábiles, no pueden hacer lo que creó Rembrandt o, para el caso, lo que haría un artista callejero blandiendo una lata de espray sobre una pared de ladrillos en un callejón en Nueva York.

La fineza del detalle necesario para cortar un diamante, pintar un camafeo o hacer un encaje veneciano, requiere un pulgar oponible, pero éste es tan sólo una herramienta, la cual es útil para la conciencia. Sin conciencia, la herramienta es inútil, o de uso limitado en la familia de los primates.

Cuando consideras cada área de la vida humana, puedes ver cuán única es la matriz humana y cómo nos abarca totalmente.

La matriz humana
Todo lo que la conciencia nos ha dado

Biología (organizar y hacer funcionar el cuerpo)
Instintos de supervivencia (pelea o huida)
Percepción (los cinco sentidos)
Psicología (personalidad, emociones, estados de ánimo, etcétera)
Pensamiento racional

Vínculos sociales, relaciones personales
Lenguaje
Creatividad
Curiosidad, descubrimiento, invención
Conciencia de uno mismo

Esta lista tiene dos cosas maravillosas. Primero, su complejidad. Ninguna otra criatura viviente usa la conciencia con tanta diversidad. Segundo, su unidad. La conciencia hace todo al mismo tiempo. Estas dos características —*diversidad* y *unidad*— combinadas definen la *totalidad*. Sería mejor si no tuviéramos que usar términos abstractos como *totalidad*, pero hay un motivo para ello. La plenitud no es una experiencia. En la matriz humana, todo se coordina al mismo tiempo, pero las experiencias suceden por sí solas de manera independiente.

Para sortear este obstáculo, hay un ejercicio que demuestra lo que hace la totalidad fuera del alcance de nuestra vista.

Lee la siguiente oración, que elegí al azar, y mientras lo haces cuenta el número de veces que aparece la letra *e* y al mismo tiempo intenta comprender lo que las palabras quieren decir.

Se estima que existen, aunque nadie lo sabe con seguridad, entre 100 mil y un millón de tipos de proteínas en nuestro cuerpo.

Pienso que es obvio que tu mente se resiste a hacer las dos cosas al mismo tiempo: quiere que leas la oración para saber qué quiere decir o bien que cuentes el número de veces que aparece la letra *e*. Éste es el límite de la experiencia lineal. Pero en cada momento de tu vida la totalidad de la conciencia no tiene dificultad para manejar todo lo que enumeré anteriormente, desde los procesos corporales hasta las emociones, el pensamiento racional y demás —toda la matriz humana—. Tú vives dentro de la matriz humana, en la cúspide de lo que la conciencia puede lograr en la Tierra. Darte cuenta de esto redefine de forma drástica quien eres.

Si comprendes lo que es la totalidad, las expectativas normales se vuelven ridículamente inapropiadas para describir el poder que existen dentro y fuera de ti. De hecho, no hay adentro y afuera. La totalidad de la conciencia gobierna la creación sin considerar las limitaciones. Esta estructura invisible, la matriz humana, expande el significado de la meditación total. Debemos considerar la meditación como abarcadora, y que afecta todo en la matriz humana. Una vez más, aquí ayuda la analogía del océano. Uno de los aspectos más sorprendentes, y angustiantes, del cambio climático es la rapidez con que los océanos del mundo han sido afectados por cambios pequeños. Reportes de noticias alarmantes nos dicen que en 2019 más de un tercio de los arrecifes de coral en el planeta sufrieron un daño grave o murieron.

Nadie sospechaba que el calentamiento de los mares en unos cuantos grados Celsius podría tener efectos tan drásticos. La Gran Barrera de Coral en la costa este de Australia ha sufrido la repentina proliferación de estrellas de mar que se alimentan de coral y que consumen amplias franjas del arrecife. Además, las olas con una temperatura más alta y que atraviesan el coral propician la muerte de las algas que lo mantienen vivo.

Las corrientes oceánicas también han sido afectadas, y conforme cambian, la pesca sufre; un año de El Niño, caracterizado por temperaturas más cálidas y lluvias más fuertes, determina la fortuna de los pescadores peruanos de anchoas, cuya actividad es un pilar de la economía nacional.

Todos conocemos los constantes reportes sobre las capas de hielo que se derriten en los polos, los osos polares que se ahogan porque no pueden nadar las largas distancias de agua que hay entre los témpanos y la posibilidad de que se desprendan enormes trozos de capas de hielo de la Antártida y que eleven el nivel de los océanos. Las islas de tierras deprimidas, como las Maldivas en el océano Índico, ya están amenazadas.

Los océanos absorben los gases invernadero, así como el calor. Si se sobrecarga el sistema, el agua se vuelve demasiado ácida (factor que influye en la muerte de los arrecifes). Algunos alarmistas señalan la posibilidad de que la atmósfera de la Tierra se vuelva demasiado venenosa para la vida humana, y también esto está conectado con los océanos.

Cuando mueren los peces, sus restos, si es que no los consumen los otros peces o las gaviotas, se hunden hasta el fondo del mar, donde se pudren y desprenden gas metano. Las profundidades marinas son lo bastante frías para atrapar el metano muy por debajo de la superficie, pero con un cierto calentamiento el gas emergerá y será liberado a la atmósfera. En cantidades suficientes, el metano mata a los seres vivos. En sus inicios, la Tierra tenía grandes cantidades de metano en la atmósfera, y éste tuvo que disminuir a niveles aceptables antes de que pudiera surgir la vida. Los paleontólogos calculan que ha habido cinco grandes extinciones en la historia de la Tierra, las cuales, tomadas en su conjunto, no sólo aniquilaron a los dinosaurios, sino también a 1 000 millones de formas de vida. La liberación de metano en los océanos durante un ciclo de calentamiento podría ser responsable de estas extinciones.

Sin importar si eres optimista o pesimista acerca de la capacidad de la humanidad de detener el cambio climático, los océanos significan la totalidad en un ámbito de la vida, y cada pequeño efecto del cambio climático representa la diversidad de la matriz humana. Podemos visualizar los océanos, mapearlos, observar y medir todo tipo de cambios en ellos. Pero la matriz humana refleja las corrientes invisibles de la conciencia moviéndose dentro de sí misma. A diferencia del calentamiento de los mares, que reaccionan pasivamente al calor y a los gases de efecto invernadero, la conciencia sabe lo que sucede e inventa nuevas respuestas todo el tiempo. Este poder dinámico infinito también se expresa a través de ti; al igual que con aquello que pertenece a la totalidad, este poder *eres* tú.

MEDITACIÓN TOTAL
Lección 15: Unidad

Una vez que comprendas verdaderamente que la conciencia es total, vislumbrarás el secreto del poder infinito. Sería terrorífico encontrarte flotando en medio del mar con el agua extendiéndose en todas direcciones hasta donde alcanza tu vista. Pero la experiencia de la unidad no es así. Encontrarte rodeado de conciencia hasta donde te alcance la vista es como estar en el centro de la creación. Cuando estás plenamente despierto, tu existencia se sentirá justo de esa forma. (Muchas tradiciones religiosas representan a los seres místicos con ojos en todo el cuerpo, y en el billete de un dólar aparece un ojo místico que todo lo ve. Estas imágenes tratan de visualizar el estado de la conciencia total.)

Sin embargo, no hay presión para despertar. La unidad ya se expresa a sí misma a través de tu cuerpomente. La tarea esencial es alinearte a ti mismo con la totalidad, en vez de oponerte a ella. Pero ¿cómo lo haces?

Estás alineado con la unidad cada vez que:

Disfrutas estar donde estás
La vida fluye suavemente, sin obstáculos ni derrotas
Tus deseos se vuelven realidad con poco o ningún esfuerzo

Disfrutas estar aquí
Te aceptas a ti mismo sin juicio
Te sientes respaldado por la naturaleza

El último punto puede parecer confuso, pero, de hecho, es el más importante. Ser respaldado por la naturaleza es la experiencia de todo ser viviente. Cada criatura corresponde al hábitat en el que vive. Como este apoyo se da de forma tan natural, una marsopa, un oso hormiguero, un setter irlandés o un mono Rhesus no tienen que pensar en la unidad. (Sería lindo saber si las marsopas piensan en ella, porque parece que están sonriendo perpetuamente.) De la misma manera, las criaturas vivientes no se oponen al respaldo de la naturaleza ni lo debilitan. Sin embargo, debido a que los humanos vivimos en un hábitat en el que la elección desempeña un papel muy importante, podemos desviarnos del respaldo de la naturaleza.

Hacemos esto cuando:

Nos encontramos luchando y sufriendo
Abandonamos el alimento, agua y aire puros
Permitimos que el temor y la ira dicten nuestro comportamiento
Permitimos que los viejos hábitos y condicionamientos tengan
    poder sobre nosotros
Olvidamos nuestro rol como cocreadores de la realidad

En el mundo en el que naciste, alinearte con la unidad no es parte de la educación y el entrenamiento de los niños. Esta carencia siempre da lugar a gran confusión y duda. Si no eres consciente de que la naturaleza puede respaldarte en todo lo que piensas, dices y haces, es muy fácil tomar decisiones que desestabilizan tu vida en formas leves y graves. Aunque la solución no es esforzarse más para tomar mejores decisiones, porque siempre hay consecuencias imprevistas. El secreto es alinearte con la unidad, en otras palabras, practicar la meditación total.

PODERES OCULTOS

De manera constante somos incapaces de ver lo poderosos que somos. Al estar inmersos en la matriz humana, nuestra vida sucede dentro de límites establecidos. No hay nada cercano al poder infinito que nos pertenezca. Pero el poder que podríamos estar usando se esconde a plena vista. No lo vemos porque nuestra vida está dominada por la voz en nuestra cabeza que narra nuestros pensamientos. Sin embargo, no sólo entras en esta narrativa casualmente. Te afecta en lo profundo, y con el paso de los años te conviertes en lo que piensas. En resumen, ése es el problema. Pensar no es lo mismo que estar consciente. Muy a menudo, pensar, y sobre todo pensar demasiado, es el enemigo de la conciencia.

Los psicólogos infantiles nos informan que cuando los papás dan órdenes —"Limpia tu habitación", "Apaga la televisión", "Vete a la cama"— los hijos pueden ignorar fácilmente lo que les dicen. Pero si uno de los padres dice algo que describe a un hijo, sobre todo un detalle negativo —"No eres tan divertida como las demás niñas", "No eres tan inteligente", "Eres un niño malo"—, las palabras son asimiladas y a menudo recordadas de por vida. Si estas afirmaciones descriptivas se repiten y se sustentan con una emoción fuerte, el efecto puede ser devastador. "Yo soy X" se arraiga en el carácter del niño, lo que conduce a la culpa, la vergüenza, la baja autoestima y otros problemas que no tienen ninguna base, excepto que las palabras de uno de sus padres se convirtieron en las que el niño escucha en su cabeza.

La voz en tu cabeza evoca el pasado todo el tiempo. Incluso más allá de las cosas destructivas que puede decir tu voz, ser arrastrado hacia el pasado te vuelve inconsciente del presente. Tu mente está en otra parte. La conciencia siempre está presente, pero si tú no lo estás, entonces el poder de la conciencia termina oculto a plena vista, oscurecido por la pantalla de pensamientos que definen al "yo", la personalidad aislada del ego. Analiza la siguiente comparación:

En la conciencia *tienes conocimiento ilimitado, posibilidades infinitas y una conexión inquebrantable con la conciencia pura.*

En tus pensamientos *tienes conocimiento limitado, un puñado de posibilidades y una conexión deficiente con la conciencia pura.*

Debido a esta disparidad, no sorprende que seamos obligados a confiar en el ego, que nos mantiene anclados a las cosas que escuchamos en la cabeza y mantiene viva nuestra historia personal. "Yo" se siente conectado con las historias de otras personas, y así no nos sentimos solos. Mientras el "Yo" pueda sostener las cosas, ser inconsciente no es tan malo. Incluso podrías ignorarlo, como lo hace la mayoría de la gente.

La voz en tu cabeza conspira con el ego para darte un sentido de identidad. Puedes verte a ti mismo en el espejo como algo conocido, un hombre blanco, profesionista, en sus cuarenta, ascendiendo la escalera corporativa, por ejemplo, o una mujer joven de color que lucha sola por alimentar y dar vestido a sus hijos. A ojos de la sociedad, una de estas identidades es más deseable, pero las dos se sienten reales y trascendentales para la persona implicada.

Si quieres tener una mejor vida, el ego se dedica a mejorar la historia que estás viviendo, y es posible que sus esfuerzos tengan éxito. Pero este éxito sólo disfraza el hecho de que el ego nunca ha sido confiable o significativo. En realidad sólo es un paquete de recuerdos, impresiones, cosas que te gustan y que te disgustan, condicionamiento social, creencias y negación. Este paquete ha sido ensamblado al azar con tan poca estructura como las páginas de un periódico volando por la calle en medio de un vendaval, aunque se las arregla para convencerte de que eres todo ese ensamblaje caótico. ¿Dónde estarías si te miraras en el espejo y no vieras reflejada tu historia basada en el ego?

De hecho, estarías mucho mejor.

Nada de lo que el pensamiento produce es sustituto de estar consciente. La identidad que has envuelto a tu alrededor incluye muchas cosas que son falsas, dañinas y de segunda mano. Como ejemplo toma la frase: "No soy lo suficientemente _____". Llena el espacio con una palabra que describa algo de lo que careces, como: "No soy lo suficientemente *inteligente*". Otras opciones podrían ser *seguro*, *delgado*, *atractivo*, *rico* o *bueno*. Tales expresiones no son simplemente juicios sobre uno mismo. Están arraigadas en nuestra historia. La voz en tu cabeza está programada para recordar estos juicios, los cuales se originaron en el pasado cuando tú, o una figura de autoridad, como tus padres, te describieron como que no eras lo suficientemente bueno, lo suficientemente inteligente, lo suficientemente atractivo, y demás.

Esta discusión deja claro que los juicios arraigados de uno mismo deben desecharse. La siguiente parte del libro, "Enriquece tu práctica", está dedicada a ese proceso. Es sumamente necesario que reemplaces tu historia con una concepción basada en la conciencia aquí y ahora. El yo que existe en el presente es tu yo verdadero. Es el yo que está y que siempre ha estado conectado con la conciencia total. Tu ser verdadero es la fuente de todos los valores superiores en la vida humana y, por medio de tu verdadero yo, creas tu lugar legítimo en la matriz humana.

No hay necesidad de que te aferres a los falsos apoyos provistos por el ego y por la voz en tu cabeza. Desde el momento en que comienzas a despertar, el proceso de la meditación total revelará tu verdadero yo. Toda la duda, el temor y el juicio que has experimentado hasta ahora fueron creados por el ego. Sigue reforzando tu historia para servir a su propio propósito, que es sobrevivir. Cuando te desatoras de las limitaciones que parecen ser tan reales, verás con gran claridad que, por su propia naturaleza, el ego es sentencioso, inseguro y temeroso.

Lo que hace que todo el proceso de desatorarse sea fácil es que estás desmantelando un fantasma para ver quién eres realmente. Los fantasmas pueden ser atemorizantes, pero no tienen realidad ni sustancia. Todo lo real y sustancial existe en la conexión entre tu verdadero yo y las posibilidades infinitas que aguardan en la conciencia. Es momento de reparar esa conexión para que puedas experimentar la realidad por ti mismo.

7

Estar despierto todos los días

Situar todo en la conciencia es una desviación radical del pensamiento convencional. Todos crecemos aceptando que la realidad está dividida en dos reinos separados y muy disparejos. Lo que dominaba casi todo era el mundo objetivo "allá afuera". Aquí fue donde comenzó y supuestamente terminará el universo, el mismo lugar donde miles de millones de personas han nacido, vivido y muerto.

En comparación, el mundo subjetivo "aquí dentro" sólo ha generado un interés pasajero. La forma en que se siente una persona es menos importante que lo que hace para ganarse la vida, formar una familia e intentar mejorar su vida. Al parecer un grupo de artistas y poetas variopintos habitan este mundo interior, en vez de sólo visitarlo. Ir hacia dentro significa muy poco para los realistas empedernidos. Ellos se acercan a su mundo interno para pensar sobre cosas prácticas y hacer planes.

Pero si observas en verdad, el mundo subjetivo también hizo surgir a los santos y los sabios. Los seres sabios obtienen su sabiduría del mundo subjetivo. El amor surge "aquí dentro", pero también ahí surge el odio, la envidia, el temor y la ansiedad. Es difícil saber cuándo tus sentimientos te van a debilitar, como bien lo sabe la gente que ha sido rechazada en el amor o ha terminado una relación con amargura y enojo. De los dos reinos, el objetivo se siente sólido, predecible y útil. El mundo subjetivo parece voluble, poco fiable y demasiado cambiante como para asirlo.

Las perspectivas de unir los dos reinos en una sola realidad son pocas, porque las dos son muy distintas e incluso hostiles entre sí. En el trabajo, en las batallas y las emergencias o tan sólo en casa cuando se intenta que un adolescente recalcitrante realice sus tareas, la consigna es: "No me importa cómo te sientes. Hazlo". Pero alcanzar la unidad es el concepto clave detrás de la meditación total. En cualquier situación reaccionarás consciente o inconscientemente. No importa si ésta es externa (perder la conexión a internet, que se te ponche una llanta, poder pagar todas tus cuentas) o interna (sentirte deprimido, preocuparte por el dinero, extrañar a tu hijo cuando estás lejos de casa). Cualquier experiencia que tienes involucra tu mente, y tu mente expresa tu estado de conciencia.

Hay una forma fácil de etiquetar esto: cuando actúas inconscientemente, estás dormido. Cuando actúas conscientemente, estás despierto. Estas etiquetas simplifican las cosas al aclarar que siempre puedes elegir entre las dos. Nadie está totalmente dormido o despierto, pero podemos exponer las diferencias con gran claridad.

Dormido
Ser inconsciente

Actúas a partir del hábito.
Obedeces a impulsos repentinos.
Hablas sin pensar.
Confías en creencias y opiniones inamovibles.
Reaccionas instintivamente.

Has decidido de antemano lo que te gusta y lo que no te gusta.

Estás afligido por consecuencias imprevistas.

Aceptas el conformismo.

Emites juicios repentinos.

Luchas con la ira, el temor y otras emociones negativas.

Niegas cosas que no quieres enfrentar.

Leer esta lista puede ser abrumador. Te puede desconcertar darte cuenta de que tal vez no eres tan consciente, maduro, reflexivo y racional como crees. A menudo sólo estás dormido. Además, si reflexionas sobre cualquier punto de la lista, debes aceptar que es un reto cambiar aunque sea uno de estos comportamientos. Pero también todos tenemos experiencias que indican lo despiertos que estamos, como las siguientes:

Despierto
Ser consciente

Piensas antes de hablar.

Sopesas tus opciones antes de tomar una decisión.

Recopilas hechos.

Prevés las consecuencias de tus acciones.

Escuchas lo que tienen que decir los demás.

Sientes tus emociones, pero no siempre actúas a partir de ellas.

Controlas tus impulsos.

Planeas con anticipación.

Estás abierto a revisar un plan cuando cambia la situación.

Comprendes la naturaleza humana y por ello eres más tolerante.

No te apresuras a sacar conclusiones.

No eres sentencioso.

Equilibras la conformidad con el derecho a ser diferente.

Tienes las antenas paradas para percibir la situación a tu alrededor y la gente que se encuentra en ella.

Pones atención.

Puedes enfocarte ininterrumpidamente en un problema.

A primera vista, esta larga lista revela que estar despierto es mucho mejor que estar dormido. De hecho, muchos estamos conscientes tanto tiempo, a pesar de caer en el hábito y la distracción, que la iluminación no está tan lejos como la gente cree —como no está tan lejos, no pueden imaginar que la iluminación es una meta realista para cualquiera que desee vivir en el mundo—. En realidad, es todo lo contrario. A todo mundo se le puede enseñar a moverse hacia un estado de mayor conciencia, y una vez que este proceso comienza, despertar por completo, que es el verdadero significado de la iluminación, es alcanzable y realista.

Si un ser humano pudiera ser robotizado, sería óptimo escribir su programa de *software* para que cada acción proviniera de un estado consciente. Pero este programa de *software* nunca podría ser escrito, porque un robot toma decisiones basado en instrucciones predeterminadas. Estar despierto es lo opuesto a estar predeterminado. Cuando estás despierto eliges con libertad entre posibilidades infinitas. Idealmente, creas tu realidad en las alas de la inspiración y el entendimiento en el momento en que surgen. Por su propia naturaleza, la inspiración y el entendimiento son impredecibles.

La vida despierta aclara todo tipo de cosas, las cuales serían confusas si estás dormido; por ejemplo, la crianza de los hijos. Si eres un buen papá o mamá estás consciente de que eres un adulto, mientras que un papá o mamá no muy bueno actúa como niño o adolescente, sin darse cuenta. Nadie crece con una crianza perfecta, pero si a los papás les faltó conciencia, lo más probable es que no les dieran a sus hijos instrucciones claras sobre ciertas necesidades básicas, como la importancia de leer y escribir, de comer verduras en vez de chatarra a deshoras, o llevarse bien con los demás en vez de atacarlos emocionalmente, y todo lo demás sobre lo cual un adulto consciente no tiene dudas.

El desarrollo de la infancia depende de un padre o madre estable cuyas acciones no sean infantiles. Si una madre hiciera una rabieta cada vez que un niño de dos años hiciera un berrinche, o si un padre hiciera caso omiso al ver a su hijo robándose galletas del frasco, la crianza se colapsaría en el caos y en mensajes contradictorios. Así las cosas, los psicólogos han descubierto que la "crianza satisfactoria" es lo mejor que un niño puede esperar recibir. Por desgracia, el mundo está poblado de madres y padres que con frecuencia actúan desde un lugar de comportamiento inconsciente, con muchos vestigios de sus propios padres imperfectos.

Los padres satisfactorios transmiten una mezcla de lecciones buenas y malas, lo cual es inevitable porque sólo pueden actuar desde su propio nivel de conciencia. Más allá de esto, están tan dormidos y a la deriva como todos los demás, incluidos tú y yo. Todos seríamos más gentiles, y más realistas, con nuestros padres si aceptáramos el axioma de que no podemos pedirle a alguien lo que no puede dar. Pocos axiomas son tan verdaderos y útiles como éste.

La meditación total te llevará de estar dormido a estar despierto, pero este despertar no sucede al abordar uno por uno cada punto de la lista de comportamientos inconscientes. Despierto y dormido son dos estados completamente diferentes, y el desafío es intercambiar uno por otro. Lo que se necesita es una transformación. Dado que incluso los cambios de comportamiento son difíciles, ¿cuáles son las probabilidades de que la transformación, que involucra a todo el cuerpomente, sea posible? La transformación es el desafío más importante de la meditación total.

MEDITACIÓN TOTAL

Lección 16: Transformación

La vida despierta no implica un cambio pequeño o gradual, sino algo más radical y completo: la transformación. Es necesario tener visión y compromiso para creer que algo así es posible. La mayoría de la gente tiene sentimientos encontrados sobre cómo va su vida. "Tomar lo amargo con lo dulce", dicho inglés que data del siglo XIII, expresa una experiencia universal en todas las sociedades.

Sin embargo, a pesar de las ventajas e inconvenientes de la vida, existe una tendencia contraria, basada en un anhelo profundo de transformación. El anhelo está expresado en la religión por medio de la visión de un cielo en el que se obtiene la dicha eterna; en la literatura romántica, por medio de su visión del amor perfecto; y en las utopías imaginarias de todo tipo, incluyendo el Edén perdido o la Edad de Oro.

¿Acaso este anhelo de transformación es sólo cumplir los deseos, como soñar lo que harías si ganaras la lotería? Si eres totalmente pragmático, abandonas estas fantasías para dirigir productivamente tu energía con el fin de estar visiblemente mejor. (Al menos hay un *bestseller* que promete cómo ser 10% más feliz, lo que suena como abrir una cuenta de ahorros; es mejor tener una pequeña ganancia segura, que apuntar a una recompensa mayor, pero más riesgosa). Incluso así, las metas modestas no siempre son alcanzables.

Pero el verdadero problema es más profundo. La transformación existe en toda la naturaleza. Piensa en el cambio total que sucede cuando dos gases combustibles invisibles, oxígeno e hidrógeno, se combinan para formar un líquido, el agua, que es tan incombustible que apaga el fuego. La naturaleza esencial de estos dos ingredientes no da indicios de que pudieran ser transformados por completo. Pero eso es lo que significa la transformación, a diferencia de un cambio gradual escalonado.

¿Qué significaría alcanzar la transformación personal? A pesar de la terquedad con la cual la gente se resiste al cambio —aferrarse a creencias, temores, inclinaciones y hábitos personales por ningún motivo racional—, somos seres transformadores, como se puede ver en la experiencia cotidiana.

- Cuando tienes un pensamiento, el silencio mental se transforma en una voz en tu cabeza.
- Cuando ves un objeto, las señales eléctricas invisibles en tu cerebro transforman el objeto en color y forma.
- El sentido de la vista funciona al tomar minúsculas fotos instantáneas que a nivel individual no tienen movimiento, pero tu mente las transforma en el mundo móvil, al igual que una película se crea a partir de cuadros inmóviles proyectados en una secuencia rápida.
- Ante una conmoción repentina, el estado balanceado de tu cuerpo en reposo se transforma en el estado excitado de la pelea o huida.
- Las palabras "te amo", si son dichas por la persona correcta en el momento adecuado, crean una transformación psicológica total conocida como enamoramiento.

Ninguna de estas experiencias sucede por medio de un cambio gradual y escalonado. Más bien, una alteración repentina convierte un estado en otro completamente distinto. Y como sucede con el agua y la sal, el primer estado no da pista alguna sobre cómo será el nuevo. Por eso quienes se enamoran por primera vez, con frecuencia dicen maravillados: "Nunca pensé que existiera algo así". Entonces, ¿por qué la transformación parece tan poco probable y remota? La respuesta yace en nuestra actitud ante el cambio. Obviamente, la configuración de la sociedad se inclina de forma drástica hacia el conformismo, la rutina y el convencionalismo. Sentimos la presión de no ser diferentes. Pero nada de esto altera el hecho de que estamos rodeados de transformación en la naturaleza. Además, nuestro cerebro no podría cambiar las señales en bruto que reciben los cinco sentidos en la imagen de un mundo tridimensional, sin transformarlas.

La lección es aceptar que la transformación siempre está al alcance y que no requiere de un esfuerzo especial ni una lucha para lograrla.

"¿QUÉ DEBERÍA HACER?"

Los seres humanos no están satisfechos con lograr lo que quieren en el mundo externo. Es igual de importante la satisfacción interna. Un estilo de vida dedicado a la conciencia consigue las dos. Ésta es una posibilidad atractiva, pero muchas personas, quizá la mayoría, se preguntarán: "¿Qué debería hacer?" La respuesta es: *Vive como si ya estuvieras plenamente despierto*. Si estás plenamente despierto, las siguientes verdades serán del todo obvias:

Todo en tu vida es una expresión de la conciencia.
Entras directo a tu fuente, la cual es conciencia pura.
Has obtenido un equilibrio dinámico perfecto.

Confías en que tus impulsos y deseos son buenos para ti.
Creas tu realidad personal.
Tu vida brota en cada momento de posibilidades infinitas.

En una especie de acto cósmico de "simularlo hasta lograrlo", vivir de acuerdo con estas verdades es mucho mejor que esperar a que la iluminación las revele. Son verdad más allá de la percepción limitada de cualquiera, al igual que la luz ultravioleta está más allá de nuestra percepción. La fuerza de un impacto a alta velocidad está más allá de nuestra percepción, pero de todas formas usamos cinturones de seguridad. Como la vida de todo el mundo es una mezcla, a veces ya estás despierto. El truco es descubrirte a ti mismo cuando estás dormido, es decir, actuando inconscientemente.

Es sorprendente que aquí es donde el yo dividido resulta ser útil porque, mentalmente hablando, todos estamos acostumbrados a estar en dos lugares a la vez. De hecho, dividimos nuestra atención todo el tiempo. Fingimos escuchar cuando pensamos en otra cosa. Ocultamos un impulso sexual cuando tendríamos que actuar como adultos racionales. Disfrazamos nuestra aversión hacia alguien, actuando de forma cortés y amigable. Soñar despiertos, fantasear e ilusionarnos entran y salen de lo que sea que estemos haciendo.

Este talento de dividir nuestra atención se vuelve útil cuando sirve para despertar. Prefieres estar despierto cuando observas que te has movido en dos lugares a la vez. Una vez que te das cuenta de esto, no se te dificulta entrar de súbito en la lucidez. Al preferir el estado de lucidez muchas veces al día, reentrenas al cuerpo con suavidad, pero repetidamente, hasta que por fin se vuelve natural permanecer consciente. Te sorprenderá el amplio rango de pequeñas cosas que puedes hacer que en esencia son fáciles, pero eficaces de inmediato.

Las formas más fáciles de despertar

Cuando tu mente se duerme, haz que se concentre de nuevo.

Cuando percibas un sentimiento o sensación sutil en tu cuerpo, permite que tu atención vaya hacia allá.

Cuando percibas estrés en una situación, aléjate lo antes posible.

Cuando te sientas fuera de balance, céntrate a ti mismo.

Cuando tu mente esté exhausta, busca un lugar silencioso y tranquilo.

Cuando te escuches a ti mismo oponiéndote y resistiendo, haz una pausa para reconsiderar la situación.

Cuando sientas disgusto o aversión, toma responsabilidad de tus sentimientos.

Cuando te des cuenta de que le estás infligiendo sufrimiento a alguien, deja de hacer lo que sea que lo provoque.

Cuando te sientas totalmente convencido, permite que los demás hablen y digan lo que quieren decir.

Cuando la necesidad de estar en control sea fuerte, piensa si te gusta que te controlen.

Cuando estés alterado, no tomes decisiones hasta que te calmes.

Cuando tengas duda, pospón tomar cualquier decisión.

Cuando quieras defenderte, enfrenta tu propia inseguridad.

Cuando sientas que debes ganar, deja de ver la situación como algo competitivo; en cambio, intenta la cooperación.

Cuando estés a punto de mostrar que tienes la razón, piensa en cómo te sientes cuando alguien te dice que estás equivocado.

Cuando te enojes porque te critican, da por sentado que quizá la crítica es justificada.

En todas las elecciones anteriores estás comenzando a actuar como si ya estuvieras plenamente despierto, y durante ese momento sí lo estás. No quiero que la palabra *fácil* sea engañosa. Si tienes la costumbre de estar en control o siempre pensar que estás en lo correcto, un comportamiento fijo no será susceptible de cambiar con facilidad. Pero puedes ser consciente de que tienes ese comportamiento y entonces hacer una pausa en vez de ir hacia donde tus hábitos quieren que vayas. (En el capítulo 5, "Desatorarse" [páginas 127 a 139], discutimos cómo cambiar todo tipo de comportamientos fijos y obstinados; todos los sufrimos.)

Sin entrenar ni intentar ser perfectos todo el tiempo, cualquiera puede encender el interruptor de estar dormido para despertarse. No hay nada nuevo que aprender, aunque es necesaria una repetición constante y atenta para salir del hábito de ser inconsciente. Estar despiertos es nuestro estado natural. Tus células ya lo saben, y eso ayuda a tener claro lo despierta que está cada célula.

Te voy a poner un ejemplo detallado: en el vientre materno, las células del corazón se comienzan a formar 18 o 19 días después de que el óvulo es fertilizado. Al observar a un embrión vivo en el vientre por medio del ultrasonido, un ojo entrenado puede detectar los latidos del corazón conforme éste comienza a adquirir su identidad. Pero eso es porque un biólogo celular sabe qué debe buscar. Si puedes imaginarte a ti mismo como la primera célula del corazón, las cosas se verían muy distintas desde tu perspectiva. Hace dos semanas no existías. Cuando comenzaste a existir eras parte de un amasijo celular plagado de señales eléctricas y químicas volando alrededor en un caos aparente. No sólo no sabías cuál sería tu rol futuro, sino que no había nadie fuera de ti para decírtelo.

Tu identidad como célula del corazón se iluminó por sí misma, y te encontraste transformándote inexorablemente. No se te ocurrió resistirte. Una parte diminuta de ti, el ADN en tu núcleo, sabía más que tú, pero sólo te reveló lo que necesitabas conocer en ese momento. En un sentido más amplio, la tarea por delante era enorme, más allá de lo imaginable. Para formar los dos billones de células de un bebé, el óvulo original fertilizado tuvo que dividirse no millones, ni miles, ni cientos de veces. Sólo fueron necesarias 40 divisiones celulares para pasar de ser un amasijo a convertirse en un corazón, cerebro, pulmones, hígado y todo lo demás.

Como célula del corazón, eres afortunada por no mirar hacia el futuro y darte cuenta de que en el promedio de una vida tendrás que latir alrededor de 80 veces por minuto y 115 000 veces al día, sumando 3 600 millones de latidos si vives hasta los 80 años. Con la ingeniería avanzada, se pueden diseñar bombas de plástico y metal muy eficientes, pero nada se acerca al poder de bombeo de un corazón, y por eso durante décadas han fracasado los intentos de desarrollar un corazón artificial parta mantener vivo a un paciente moribundo por más de unas horas o días, después de que el dispositivo se implanta en su cuerpo.

Con el fin de prepararse para su ardua vida —un corazón saludable bombea más de 7 500 litros de sangre al día— una célula de corazón en desarrollo adquiere funciones que se superponen. Además de la acción de bombeo, el corazón del embrión tiene que construir cuatro cámaras (dos ventrículos y dos aurículas) además de sus válvulas de apoyo; fabricar arterias coronarias para llevar hacia sí mismo sangre oxigenada; aprender a usar los impulsos eléctricos para coordinar un latido unificado; y conectarse al sistema nervioso central para recibir mensajes acerca de todo lo que el cerebro quiere que hagas.

Si traduces este modelo a tu vida personal, con todos los procesos que se superponen, verás que el paralelismo es sorprendentemente similar. Tienes que vivir en el momento presente con certeza acerca de tu propósito. Tienes que permitir que la vida se despliegue, sin que sepas con anticipación lo que te espera en el futuro. Tienes que confiar en que, a cierto nivel, la conciencia te está llevando en la dirección correcta. Éstos son los principios básicos, los cimientos, de estar despierto.

Sin embargo, hay una consideración importante: tu vida personal deriva de la vida de una célula del corazón. Las operaciones del corazón son lo bastante complejas como para llenar libros de texto médicos, pero a las células del corazón se les prohíbe salirse de la plantilla biológica que las mantiene en su lugar. Tú, por otra parte, no haces nada más que deambular, inventas tu propio camino de acuerdo con las decisiones que tomas. No existe una plantilla para ser humano. Por eso en muchas tradiciones espirituales de Oriente al cuerpo físico se le llama "vehículo". Como un bote o un auto, te lleva a donde quieres ir, sirviendo a los propósitos establecidos por el deseo, la aspiración, los anhelos, los temores, la anticipación y la expectativa; todos ellos son impulsos confusos que yacen detrás de todo el deambular que haces y que seguirás haciendo a lo largo de una vida.

Es todo un desafío convertir el caos confuso de la vida en algo organizado y con sentido, y te confrontas con este reto a cada momento. Para cuando termina el día ya has decidido decenas de veces estar despierto o dormido. Cada fibra de tu ser está configurada para responder a tu intención más mínima. Esto ha sido así desde el día en que fuiste concebido. La conciencia total siempre ha estado ahí. El desarrollo en el vientre materno tiene lugar como un proceso completo, no en partes. Incluso mientras las células del corazón se están diferenciando de las células cerebrales y del hígado, siguen en contacto entre ellas de forma íntima e intrincada.

La capacidad de la naturaleza para proteger el orden y mantener el caos a raya es casi milagrosa. El margen de error es microscópico. Si las células del corazón dejan de estar en comunicación perfecta, un latido unificado puede convertirse en la dolorosa y caótica pulsación conocida como fibrilación. Es una de las cosas más atemorizantes que un cardiólogo puede observar, porque en unos pocos minutos el corazón literalmente se suicida. Pero el corazón tiene mecanismos a prueba de fallos para prevenir esta catástrofe, y la misericordia también está integrada en el sistema, y por eso en general es inofensivo cuando el corazón se salta un latido o tienes un soplo cardiaco benigno.

Si aplicas el orden del corazón a ti mismo puedes vivir tu vida con un desorden considerable sin que eso tenga repercusiones inmediatas. De hecho, la misericordia de la conciencia es prácticamente ilimitada. Los fumadores empedernidos que mantienen un flujo constante de carcinógenos entrando a sus pulmones tienen de 85 a 90% de probabilidades de desarrollar cáncer de pulmón. La persona más vieja de la que se tiene conocimiento, una mujer francesa llamada Jeanne Calment, comenzó a fumar por su esposo. Ella nunca fue una fumadora empedernida y se fumaba un cigarro o puro después de las comidas hasta que cumplió 117 años. Después de dejar el hábito, vivió cinco años más. Por supuesto, ésta no es la norma. El punto que quiero subrayar es que la conciencia es tan adaptable que los seres humanos estamos equipados para sobrevivir bajo las condiciones más adversas e incluso incapacitantes. La conciencia nos cuida hasta cuando nosotros no lo hacemos.

MEDITACIÓN TOTAL

Lección 17: Darse cuenta

Un axioma que aparece repetidamente en este libro es: "No puedes cambiar aquello de lo que no eres consciente". Ser consciente también se llama tener atención plena. Es deseable tener atención plena. Te mantiene en el momento presente. Implica que estés alerta y abierto a nuevas experiencias. La atención plena también es neutral:

estás abierto al momento presente, pero no te aferras a ningún resultado deseado o al miedo.

Pero la atención plena tiene una paradoja integrada. ¿Cómo te recuerdas a ti mismo tener atención plena, cuando te has alejado del momento presente? Es necesaria la atención plena para darte cuenta de que te alejaste, pero la atención plena es justamente ese estado en el que no te encuentras. Decirle a alguien que tenga atención plena es como decirle: "No olvides recordar".

Por fortuna, puedes superar esta paradoja integrada. Tu mente está diseñada para darse cuenta de las cosas, incluyendo las inconscientes. La mayoría de la gente puede despertarse a cierta hora en la mañana sin la necesidad de un reloj despertador. La mente se da cuenta de qué hora es, aunque tú sigas dormido.

Estamos tan acostumbrados a habitar la mente pensante que no vemos todo lo que hace la conciencia además de pensar. Cuando distingues a un amigo entre una multitud, cuando ves algo que se te antoja en el menú de un restaurante o cuando ves a un extraño que te resulta atractivo, ¿qué sucede? Enciendes el interruptor y comienzas a prestar atención. Lo que observas es seleccionado entre muchas otras cosas de las que no te estás dando cuenta. Cuando distingues a un amigo entre una multitud, ignoras a las demás personas a su alrededor.

La idea de encender un interruptor suena como algo sencillo, pero la observación puede ser sumamente poderosa. Piensa en los siguientes ejemplos:

- En 1928 el investigador médico escocés Alexander Fleming volvió de unas vacaciones y descubrió, para su fastidio, que el moho había echado a perder algunos de sus cultivos de bacterias. En vez de desechar los especímenes contaminados, se dio cuenta de que el moho había matado los cultivos de bacterias.

El darse cuenta se convirtió en el momento de eureka que derivó en el descubrimiento de la penicilina.

- Dado que es imposible saber con certeza cuándo una pieza de piedra fue labrada, la fecha en que se construyó Stonehenge está perdida en el tiempo, y nadie ha podido descubrir por qué la erigieron los humanos prehistóricos en Gran Bretaña. La perplejidad continuó por siglos, hasta la década de 1960, cuando Gerald Hawkins, astrónomo estadounidense nacido en Gran Bretaña, se dio cuenta de que la alineación de las piedras podía servir para monitorear eventos astronómicos como equinoccios, solsticios y eclipses. Aunque su teoría es controversial, este estallido de inspiración se convirtió en una explicación viable sobre la existencia de Stonehenge.

Estos dos ejemplos muestran que detrás del simple hecho de darse cuenta hay una intención oculta. No nos percatamos de las cosas al azar, sino que observamos:

Algo que estamos buscando

Algo en lo que estamos en contra

Algo que tememos

Algo a lo que podemos sentirnos atraídos

Algo que ofrece una explicación o solución

Éstos son los ingredientes de las intenciones ocultas de todos, aunque no existen dos iguales. La meditación total tiene su propia intención, que es evolutiva. Su intención está dirigida a ser conscientes, lo que significa que te das cuenta de las oportunidades para ser más consciente. Una parte de esta intención es descubrirte cuando te duermes y haces algo inconsciente. Pero también hay otras dimensiones de la intención de la meditación total:

- Darte cuenta de cuando alguien necesita atención y cariño.
- Darte cuenta de una oportunidad para dar o ser útil.
- Darte cuenta de una oportunidad de ser amable.
- Darte cuenta de cuando se necesita ayuda.
- Darte cuenta de la belleza en la naturaleza.

Establecer tu intención interior para aprovechar estas oportunidades te ayuda a restablecer tu conciencia interior. Como el reloj interno que se percata de la hora que es, aunque sigas dormido, los niveles más profundos de la conciencia saben mucho más que tu mente pensante. En particular, tu conciencia más profunda es la fuente de las cosas más valiosas en la existencia humana: amor, compasión, creatividad, curiosidad, descubrimiento, inteligencia y evolución.

Establece tu intención para cualquiera de estas cosas y se convertirá en oportunidades que comenzarás a observar cada vez más. Alexander Fleming descubrió la penicilina porque ya era un investigador notable, y había realizado importantes hallazgos que lo acreditaban. Una madre amorosa ya está preparada para darse cuenta de si su hijo se siente mal, lo cual puede no ver un padre negligente.

Darse cuenta es abrir la puerta a la conciencia. Lo que haces después de eso ya depende de ti. En la meditación total te das cuenta de muchas más cosas que antes, pero no estás obligado a actuar de cierta forma. La conciencia puede lograrlo todo, pero la conciencia es su propia recompensa.

En la tradición del yoga, la conciencia se usa principalmente para tres fines: devoción, acción y conocimiento. A la cabeza de ello está el raj yoga, el "rey del yoga", que no tiene ningún objetivo específico. El raj yoga logra la lucidez total por su propio beneficio, sea cual sea. Una vida en libertad no necesita otra justificación.

En la vida cotidiana, cambiar tu intención interior también implica que vayas más allá de la observación que no es útil para tu evolución personal. Si estás atento a los defectos de los demás, intentas corregir a alguien más, asumes el rol del responsable del cumplimiento de la ley o juzgas si las personas son ganadoras o perdedoras, estás usando mal el poder de observación.

No hay forma de evadir el hecho de que las intenciones tienen un lado oscuro. Es difícil notar algo sin que lo juzgues de inmediato.

En la meditación total es importante ser consciente de tus juicios, pero sin actuar a partir de ellos. Estamos demasiado versados en lo que nos gusta y nos disgusta, en la aceptación y el rechazo, en la atracción y la aversión. Estos opuestos dominan nuestras intenciones internas. Pero al preferir una nueva intención puedes cambiar, y aquello de lo que te des cuenta será progresivamente mejor para ti. Liberarse del juicio comienza con no favorecer juicios que sabes que son negativos. Darte cuenta no es aleatorio. Puedes comenzar ahora mismo a darte cuenta de las oportunidades para despertar. Esto es suficiente para acelerar en gran medida tu evolución personal.

NO HAY UN PLAN

El futuro es incierto e impredecible, sin importar si lo ves en términos de décadas, años o minutos. Tu siguiente pensamiento es tan desconocido como lo será el mundo dentro de un siglo. Al estar frente a lo desconocido hacemos planes y algunos funcionan, pero incluso esto es impredecible. Sin embargo, podemos adoptar otra perspectiva. Se puede planear la vida al comprender una verdad fundamental: no hay un plan. A cierto nivel, todos sabemos esto por instinto, y nuestra respuesta no es una alegría sin reservas. "No hay un plan" significa que todo el tiempo enfrentas lo desconocido. ¿Es una oportunidad creativa o una fuente de temor?

Como sucede con casi todo lo demás en la vida, los opuestos coexisten de manera incómoda. Nos sentimos contentos y temerosos al mismo tiempo, y nunca terminamos por sentir del todo una cosa o la otra. También somos libres y limitados a la vez, y por eso insistimos en ser individuos, como expresión de libertad, mientras que también nos conformamos con ser aceptados en la sociedad, como expresión de limitación. No encajar implica la amenaza del castigo, como lo sabe cualquier adolescente que sufre cuando lo acosan en Facebook. No importa qué tan temerosos, inseguros o dubitativos nos sintamos, nos ponemos una máscara que oculta esos sentimientos no deseados. Los seres humanos tenemos una capacidad sin límites para ser dos cosas a la vez. En un estado totalitario, los ciudadanos viven en miedo total mientras marchan en alabanza del "querido líder".

Aunque tenga miedo, hágalo igual, de Susan Jeffers, es un libro clásico de autoayuda. Como eslogan, el título del libro es un buen consejo, pero con mucha frecuencia la gente o bien siente el miedo y huye, o no siente el miedo, o se niega a reconocer que alguna vez ha sentido temor. En otras palabras, compensamos de forma constante. Concebimos soluciones alternativas para poder vivir no sólo con el miedo, sino con todo tipo de experiencia no deseada. Poner una buena cara es sólo el inicio; podemos esquivar una mala situación de forma tan convincente, que nos engañamos a nosotros mismos para creer que somos felices. Piensa en la cantidad de matrimonios en los que un cónyuge cree que todo está bien, mientras que el otro todos los días piensa en separarse.

Buena parte de este comportamiento conformista y compensatorio sería innecesario si aceptáramos, de una vez por todas, que no hay un plan. Lo desconocido nos mira fijamente en cada instante. Tú puedes convertir este hecho en tu fuente de optimismo, creatividad y dicha, o bien puedes enfrentar toda una vida compensando sentimientos que no puedes evitar y una inseguridad que nunca cede. Tu corazón no puede predecir cuándo se acelerará ni cuándo se calmará. Tus pulmones no pueden predecir cuándo estarán luchando por oxígeno o fluyendo en una completa relajación. Incluso para tus pulmones, que están equipados con un patrón establecido de comportamiento, no hay un plan.

Pero en el horizonte de lo desconocido hay una posibilidad abierta sólo para el *Homo sapiens*: despertar. Cuando estás plenamente consciente, no temes a lo desconocido porque no existe como una amenaza o una oportunidad. Esas palabras pertenecen al campo de los opuestos, un mundo de esto o aquello que habitamos por medio de la simple inercia. La mente humana está entrenada para aceptar y rechazar, para sentir atracción y repulsión, para juzgar a otros (y a uno mismo) como buenos o malos. "No hay plan" significa que eres libre de este entrenamiento, que sólo sirve para hacer que la vida sea lo más predecible posible.

El deseo por la predictibilidad debería ser confinado a donde pertenece, a cosas como el clima, el flujo de la electricidad en nuestra casa, la confiabilidad de los aparatos eléctricos. Extender la predictibilidad a la mente humana falsifica la realidad. Estamos diseñados para pensar, imaginar, crear, explorar, descubrir y evolucionar con libertad. Cualquier limitación impuesta en esta libertad es creada por uno mismo y dañina. La razón más básica para vivir como si ya estuvieras despierto es que ya lo estás, sólo que todavía no lo sabes. La mente se esconde de la mente. Crea limitaciones y después se siente atrapada dentro de ellas, olvidando que puede deshacer lo que haya creado.

Ésa es la paradoja que esclarece la meditación total. A partir del caos confuso de la vida, puedes despertar a la claridad y la certeza, comenzando con la claridad de quien realmente eres y lo que vienes a lograr aquí.

MEDITACIÓN TOTAL

Lección 18: Espontaneidad

La libertad es la meta de la meditación total. Pero por la forma en que por lo general comprendemos la palabra *libre*, tiene severas limitantes. Algunas experiencias nos asustan o nos perturban. Nos decimos a nosotros mismos que muchas cosas están fuera de nuestro alcance.

Hay una diferencia muy grande entre la libertad limitada y la libertad total. La primera se basa en lo que puedes esperar de la vida de forma razonable. La segunda comienza al ver la vida como un campo de posibilidades infinitas. Se requiere algo de persuasión para que la libertad total parezca algo más que un sueño imposible. ¿Acaso es siquiera deseable sentirse ilimitado? El resultado podría ser una ilusión o conducir a la anarquía.

Los seres humanos estamos divididos entre lo que deseamos hacer y lo que pensamos que podemos lograr. Ninguna otra criatura siente este tipo de incertidumbre. Si un tigre domado ataca a su entrenador y le inflige una herida mortal, el animal no siente remordimiento. Sólo los ojos humanos interpretan que el tigre cambió de ser bueno a malo. En la vida cotidiana de la mayoría de nosotros no hay nada tan amenazante como este ejemplo, pero de todas formas negociamos con nuestros deseos, y seguimos algunos mientras que suprimimos otros.

El problema es la espontaneidad. La postura por defecto de la sociedad es desconfiar del comportamiento espontáneo y hacer leyes y reglas en contra de él. El cumplimiento de las reglas es la forma más segura para mantener a la gente alineada, o eso creen los encargados de su cumplimiento. Es posible llevar esta actitud a extremos casi inimaginables. En Estados Unidos, cuando vas a un banco y solicitas un préstamo, el procedimiento usual es que el banco revise tu historial crediticio, tus ingresos y tu deuda en tarjetas de crédito. Sin embargo, en China las agencias electrónicas de préstamos te revisan electrónicamente, usando información almacenada en la nube. Un solicitante que use un teléfono inteligente es aceptado o rechazado para recibir un préstamo en una décima de segundo, después de que la agencia de préstamos revisó 5 000 (!) factores personales, incluyendo la firmeza con la que tu mano se movió al llenar la solicitud y hasta dónde dejaste que bajara la batería de tu teléfono antes de recargarla.

Todos somos felices al imponernos reglas a nosotros mismos —no necesitamos que una figura de autoridad lo haga por nosotros—. La autodisciplina y el control de impulsos son considerados deseables como signos de un adulto maduro. Hay un experimento famoso de psicología infantil en el que sientan a un niño en una silla y en la mesa frente a él hay un malvavisco. Le dicen al niño que se puede comer en ese momento el malvavisco, pero si espera cinco minutos le darán dos malvaviscos. Entonces la persona que realiza el experimento sale de la habitación y observa qué sucede a través de un espejo bidireccional o falso espejo. Algunos niños se muestran inquietos, luchando contra el impulso de la gratificación inmediata. Otros toman el malvavisco al instante o esperan con paciencia hasta que se cumplan los cinco minutos. (Puedes ver su comportamiento en un adorable video en YouTube titulado "La prueba del malvavisco".)

Este experimento supone que ya tenemos una predisposición hacia el control del impulso (o no) desde una muy temprana edad. El hecho de que la recompensa sea para el niño que tiene autocontrol indica hacia dónde quiere la sociedad que se dirija el comportamiento. Sin embargo, muchos de los mejores regalos de la vida implican espontaneidad, incluyendo enamorarse, apreciar la belleza, componer música, crear arte, ser sorprendido por momentos de eureka y tener las llamadas experiencias cumbre.

¿Cómo podemos hacer que la espontaneidad mejore nuestra vida sin la necesidad de suprimirla? Todos controlamos nuestros impulsos por miedo, ya que nos preocupa que un impulso espontáneo derive en vergüenza, rechazo, ridículo o culpa. Éstos son mecanismos de defensa poderosos de la psique humana. En Singapur (un paraíso para obedecer las reglas), las infracciones menores como tirar goma de mascar en el pavimento pueden tener consecuencias muy serias, mientras que la tecnología digital avanzada en China ha derivado en un experimento en el cual los rostros de los peatones imprudentes aparecen en una pantalla pública de inmediato, para ser motivo de humillación de los demás.

Todos buscamos un equilibro entre "todo está permitido" y "todo está prohibido", sin saber realmente dónde deberían fijarse las fronteras entre las dos posturas. Vacacionar en una playa nudista es la idea de libertad bajo el sol para una persona, y para otra es la idea de la humillación pública. Para muchos, comerse cinco hot dogs en una sentada indica una grave falta de control de los impulsos, pero en 2018 un hombre fijó un nuevo récord mundial al comerse 74 hot dogs en 10 minutos durante un concurso en Coney Island. ("Hoy me sentía bien", dijo feliz el ganador minutos después de haber ingerido 21 000 calorías de alimento.)

La solución a nuestro conflicto interno es permitir que la espontaneidad sea natural y no restringida. Esta espontaneidad sólo es posible desde el nivel de la conciencia pura. De lo contrario, nos quedamos atrapados dentro de limitaciones autoimpuestas, la obediencia a las reglas, nerviosismo por ser avergonzados o humillados y preocupaciones por el estilo que son naturales cuando uno ha pasado toda una vida siguiendo las intenciones del ego. No puedes resolver el conflicto interno al nivel de conciencia que está dictado por el yo dividido.

La guerra que tenemos con nuestros deseos sucede en el yo dividido. Se debe dejar atrás gran parte, porque resolver cada conflicto a la vez no tiene sentido y está destinado a fracasar. Todo tipo de juicios, creencias, temor a las consecuencias, recuerdos de vergüenzas del pasado e inhibiciones socialmente impuestas están implicados cuando intentamos decidir qué tan espontáneos queremos ser. El yo dividido es sabio al no confiar en sí mismo.

Por fortuna, todos tenemos la suficiente libertad para disfrutar los momentos de espontaneidad y, si estamos lo bastante despiertos, podemos experimentar la risa, la dicha y el juego durante toda nuestra vida (si tan sólo esto fuera la norma). La verdad espiritual más profunda sostiene que la libertad es absoluta. Cuando te habitas a ti mismo y no hay sitios oscuros que temer, nada se esconde fuera de tu vista. El efecto nocivo de la represión de uno mismo se debilita con cada paso que das para liberarte de tu propio juicio. El mal comportamiento se vuelve más tentador cuando está prohibido, como cuando la mamá deja el frasco de galletas en la repisa, pero le dice al niño que no puede tomarlas. Todos sabemos lo que sucede cuando la mamá se da la vuelta.

Ahora mismo eres las dos cosas: tu propio encargado de hacer cumplir las reglas, y un rebelde en contra de ellas. Se requiere un viaje hacia la conciencia para integrarte y estar completo. No estás diseñado para perseguirte y defenderte al mismo tiempo. Estás diseñado para que lo siguiente que quieras hacer sea lo mejor para ti. Ése es un replanteamiento radical de lo que la sociedad nos dice que creamos, pero cuando adoptas un estilo de vida basado en la conciencia, la realidad se iluminará. La espontaneidad es la esencia de la vida y el alma de la creatividad.

ENRIQUECE TU PRÁCTICA

SIENTE EL MILAGRO
10 ejercicios simples

En este momento, si estuvieras plenamente despierto, tu vida se sentiría milagrosa. Sin ese sentimiento, no hay milagro alguno. Deberíamos tomar en serio una frase famosa de Einstein: "Sólo hay dos formas de vivir tu vida. Una es como si nada fuera un milagro. La otra es como si todo fuera un milagro". Estas palabras son inspiradoras, pero ¿cómo vivir la vida con la conciencia de que todo es un milagro?

Aquí hay 10 ejercicios de meditación para responder a esa pregunta. En cada uno se te pide que tomes una experiencia cotidiana y la mires con nuevos ojos. El objetivo no es conectarte con un milagro religioso ni nada sobrenatural. El mundo cotidiano es milagroso. Estamos inmersos en misterios a cada instante, y no importa si podemos explicarlos. Siguen ocurriendo sin importar nuestro punto de vista.

La razón para cambiar tu visión del mundo es que serás atraído hacia tu propia fuente en la conciencia pura —la conciencia pura en su papel de creadora de todo lo que convoca a lo milagroso en nuestra vida—. Nada es más básico. Si quieres vivir como si nada fuera un milagro, el mundo científico te va a respaldar. La ciencia se trata de tomar los fenómenos físicos y darles la mejor explicación racional posible. No estoy devaluando la contribución de este enfoque, porque es obvio que nos encontramos rodeados de tecnología avanzada y todos los beneficios que conlleva (así como de sus peligros ocultos y otros no tan ocultos).

El problema con el punto de vista científico no es que deseche la posibilidad de los milagros, aunque en efecto lo hace. El problema es que la conciencia no ha tenido lugar en la historia de la ciencia sino hasta hace muy, muy poco. Dejando de lado la década de 2010, en la que el "difícil problema" de explicar de dónde proviene la conciencia comenzó a atraer la atención de los científicos, los investigadores dieron por hecho dos suposiciones. La primera es que la conciencia debe ser explicada —puede ser aceptada como un hecho de la vida, como el aire que respiramos—. La segunda es que, si la conciencia debe ser explicada, entonces explicarla dentro de los límites de los procesos físicos es suficiente. En esencia, la mente revelará todos sus secretos en cuanto la neurociencia mapee el cerebro lo más completamente posible.

Ninguna suposición es válida. *Tú* te enamoras, no tu cerebro. *Tú* tienes deseos, sueños, creencias, temores, entendimientos, preferencias y curiosidad, no tu cerebro. No puedo predecir cuándo la ciencia aceptará que la conciencia es el aspecto más importante de la existencia de cada uno de nosotros, pero sin duda alguna tú y yo dependemos totalmente de la conciencia. Para que no demos por hecho esta realidad, es benéfico darnos cuenta, aquí y ahora, de lo milagrosa que es la conciencia. Sólo entonces cruzarás el umbral y comenzarás a vivir viendo que todo es un milagro.

Sigue los 10 ejercicios siguientes. Son tan breves y simples que puedes hacerlos todos juntos o uno a la vez, con pausas para reflexionar sobre lo que hayas descubierto. Algunas partes del material ya han sido presentadas con más detalle en este libro, pero una dosis concentrada, combinada con tu experiencia personal, hace que estos ejercicios de meditación realmente se asimilen.

MILAGRO 1
Luz

EJERCICIO:

Cierra los ojos y visualiza la oscuridad total. Tal vez uses la imagen de una mina de carbón o una cueva muy profunda, el cielo nocturno sin estrellas o tan sólo un pizarrón. Ahora abre los ojos y mira a tu alrededor.

¿CUÁL ES EL MILAGRO?

Cuando tenías los ojos cerrados y no imaginaste nada más que la oscuridad, estabas viendo la habitación en la que te encuentras tal y como es. No existe ni una sola luz sin que tú realices el milagro de convertir los fotones invisibles en brillo, color y forma. El cielo nocturno es negro. Las estrellas no brillan. El mediodía también es negro. El sol no brilla.

Ahora los físicos saben que los fotones son invisibles, y los fotones son las partículas elementales que transportan la luz. El hecho de que veamos cosas sucede completamente en la conciencia. El cerebro es tan negro por dentro como una cueva. La corteza visual no tiene imágenes. No existe una explicación física de cómo los químicos ordinarios que conforman el cerebro —hidrógeno, carbono, oxígeno y nitrógeno, en su mayoría— producen el mundo tridimensional que vemos y en el que vivimos. Todo el misterio es la esencia de la naturaleza milagrosa de lo cotidiano.

MILAGRO 2
Transformación

EJERCICIO:

Sentado en una silla, pon atención al aire que entra y sale por tu nariz. Siente su frescura y el movimiento de las inhalaciones y las exhalaciones. Ahora toma un vaso de agua y dale un sorbo.

¿CUÁL ES EL MILAGRO?

El aire que respiras es el mismo que el agua que bebiste. Dos gases, oxígeno y nitrógeno, están presentes en las dos cosas (el aire también contiene otros gases, principalmente nitrógeno). Lo que hace que el aire sea distinto al agua es la transformación, pero detrás de esta palabra hay un milagro. No existe una explicación racional de por qué el agua está húmeda o por qué es el solvente universal. Y hasta donde sabemos, no existe una explicación de por qué dos gases invisibles tienen el potencial de convertirse en una sustancia sin la cual la vida no puede existir.

El sodio, que es un metal inestable, y el cloro, que es un gas verde, son mortalmente venenosos si están separados. Pero cuando se combinan forman el cloruro de sodio, o sal de mesa, que no es venenosa y que, de hecho, es un componente necesario para cada célula de tu cuerpo. No hay nada milagroso en la unión de átomos de sodio con los átomos de cloro, el proceso de enlace es química elemental. El milagro es que esta sencilla unión de pronto transforma a dos químicos en algo inesperado, inexplicable e impredecible. Si el agua no existiera, sería imposible predecir que dos gases la producirían. Si la sal no existiera, no habría forma de predecir que el enlace de dos venenos haría posible la vida unicelular, comenzando la cadena de eventos que condujeron a la existencia del *Homo sapiens* y a cada experiencia que tú y yo hemos tenido.

MILAGRO 3
Belleza

EJERCICIO:

Mira una foto de alguien que te parezca hermoso. Puede ser una estrella de cine, un bebé o alguien que amas, pero tiene que ser una foto, no sólo una imagen en tu mente. Voltea la foto bocabajo y mírala de nuevo.

¿CUÁL ES EL MILAGRO?

Cuando volteas la foto bocabajo, ya no puedes reconocer quién es. Éste es un fenómeno vinculado a cómo el cerebro reconoce lo que ve. La corteza visual está configurada para reconocer los objetos en el mundo estando bocarriba. (Nunca ha sido explicado por qué podemos reconocer los rostros familiares de inmediato, pero dejaremos esto de lado como un milagro secundario.)

El milagro es cómo la belleza aparece en el rostro cuando está bocarriba y desaparece cuando está bocabajo. ¿A dónde se fue la belleza? Esta pregunta no puede ser respondida sin preguntar de dónde proviene la belleza en primer lugar. Se dice que la belleza depende del cristal con que se mire, pero eso no es verdad; tus ojos no podrían encontrar la belleza en la imagen bocabajo porque la belleza es una cualidad de la conciencia. Por lo tanto, vemos la cualidad abstracta de la belleza de forma distinta. Es probable que la persona amada que ves como hermosa sea una extraña para mí. La belleza especial que una madre ve en su propio bebé es más intensa que la que ve en el bebé de su vecina o en los recién nacidos en la sala de maternidad.

Nadie inventó la belleza. Es algo que sabemos sin necesidad de explicar de dónde provino. Las células cerebrales procesan imágenes visuales, pero sólo la conciencia les añade o les resta belleza a esas imágenes. Cómo nació la belleza, por qué va y viene y qué nos hace sensibles a ella… todas estas cosas son milagros cotidianos.

MILAGRO 4
Amor

EJERCICIO:

Para este ejercicio tienes que elegir algo que amas, y la decisión es tuya. Si amas el chocolate, muerde un pedacito e intenta no amarlo. Haz que su sabor sea neutral o incluso desagradable. Si hay una película que te encante, imagínala, recuerda una escena o tan sólo a los actores en acción. Ahora intenta odiar esa película y piensa que es una basura, una pérdida de tiempo. Puedes ver cómo funciona este ejercicio. Elige cualquier cosa que ames, incluyendo a la persona que más amas en el mundo, y quítale tu amor hasta que la cosa o persona sea neutral para ti o incluso desagradable.

¿CUÁL ES EL MILAGRO?

Cuando amas algo, es imposible eliminar ese amor. No es lo mismo que el amor que se convierte en odio o amar una relación que se vuelve amarga. Estamos hablando de algo que realmente amas ahora. La cualidad del amor se ha fusionado con lo que amas. Se ha vuelto como la dulzura del azúcar (que es otra cosa que no puedes eliminar). Nadie sabe cómo el amor escoge su objeto, se apega a él y se niega a dejarlo ir.

Piensa en los romances que dan un giro trágico. El ser amado se va o muere y, aun así, para la otra persona el amor nunca muere. Como sabemos, en lo relacionado con el amor surgen todo tipo de complicaciones. Pero la fascinación pura y básica del amor no tiene explicación. Puedes hacer que una persona sienta un impulso amoroso al aumentar la cantidad de ciertas hormonas, pero de esta forma sólo manipulas la sensación de amor, que es un aspecto aislado. El amor en su plenitud y totalidad va infinitamente más allá de cualquier sensación física, como lo evidencian las leyendas y los mitos del romance que datan de miles de años.

Si piensas en cuánto amas a tu mascota o cuánto podría amarte Dios, el misterio del amor está envuelto en la conciencia. Somos y siempre hemos sido conscientes del amor, a lo largo de toda la historia. En virtud de que no hay una explicación de por qué el amor es universal, éste pertenece a los milagros de la vida cotidiana y es un milagro que podemos sentir personalmente.

MILAGRO 5
Conexión

EJERCICIO:

Piensa en alguien con quien te quisieras conectar. Tienes que sentir que esta persona está conectada a ti. Así que es útil imaginar su rostro, su voz o un buen recuerdo asociado con ella. Ten la intención de querer conectar, y después espera y ve si la persona te contacta pronto.

¿CUÁL ES EL MILAGRO?

Éste es el único ejercicio que no puedes completar de inmediato. Yo di con él casi por accidente. Mientras estaba grabando un podcast en Facebook, les pedí a los espectadores que se imaginaran a alguien con quien quisieran conectar. Planteé este ejercicio como una forma de hablar de la sincronicidad, porque todos hemos tenido la experiencia de pensar en alguien y que al minuto siguiente te contacte de la nada. Es una de las formas más conocidas de reconocer todo el fenómeno de la sincronicidad, que se define como una coincidencia significativa.

La sincronicidad es espontánea. Normalmente no te comunicas con otras personas tan sólo por pensar en ellas. Pero en la mañana de ese podcast, un espectador tras otro me envió el mismo mensaje: "Acabo de pensar en una amiga que no veía hace años y me llamó de pronto. ¡Impresionante!". Yo estaba más que sorprendido. Es riesgoso pedirle a la gente que use el poder de la telepatía, o como quieras llamarlo, ya que la telepatía está condenada por los escépticos quienes la consideran superstición pura.

En realidad, cualquier fenómeno que sucede en la conciencia no necesita de nuestra creencia o escepticismo, aprobación o desaprobación, aceptación o rechazo. La conciencia se mueve constantemente dentro de sí misma. Todo lo que está en la conciencia se encuentra conectado, porque no puedes subdividir o rebanar un aspecto de ella. La conciencia es total. Mi mente no es la misma que la tuya. Pero hay una suposición falsa en esa oración. Mis pensamientos no son tus pensamientos, pero nuestra conciencia es la misma.

Antes que nada, estamos conectados al participar de la conciencia humana. No escuchamos lo que oyen los delfines, ni olemos lo que huelen los perros. No probamos el aire con la lengua como lo hacen las serpientes. Dentro de esta amplia conexión también hay vínculos específicos. Por ejemplo, la gente comparte una religión o una nacionalidad. Al ser más específicos llegamos a las conexiones familiares. Y dentro de las conexiones familiares encuentras gemelos idénticos, que son famosos por tener conexiones tan íntimas que pueden percibir lo que le sucede al otro a la distancia. Por ejemplo, existen incontables recuentos de un gemelo que sintió el momento en que el otro murió.

Las conexiones de este tipo van más allá de cualquier explicación física. Si estás enviando la intención de saber de un amigo, y ese amigo te llama de la nada, la señal que fue enviada y recibida no es una señal de radio volando por el aire. La conexión existe como otro milagro de la vida cotidiana. Ser consciente es estar integrado en la conciencia total. No existe separación entre tú y el todo.

MILAGRO 6
Lucidez

EJERCICIO:

Siéntate en silencio y mantente alerta a cualquier sensación o pensamiento que aparezca. Puedes tener los ojos abiertos o cerrados. Puedes mirar hacia dentro u observar tu entorno físico. Ahora vuélvete completamente inconsciente. Borra todo, ahora mismo.

¿CUÁL ES EL MILAGRO?

Cuando te das cuenta de que eres consciente, no puedes volverte inconsciente. En otras palabras, éste es un ejercicio imposible. Una vez le pidieron a un famoso maestro espiritual hindú que demostrara que había vida después de la muerte. Y él dio una respuesta sorprendente:

Estás confundido en tu pregunta. Tú crees que naciste y que morirás porque tus padres te lo dijeron cuando eras niño. A su vez, sus padres les dijeron a ellos la misma historia. Si quieres saber la verdad, olvida esa historia y revisa tu propia experiencia. ¿Puedes imaginarte no existiendo? ¿Puedes sentir cómo era antes de que nacieras o después de que mueras? Sin importar cuánto te esfuerces, no puedes evitar la condición de estar consciente. En esto radica el secreto de la vida eterna.

En este libro y en muchas tradiciones espirituales estar despierto y estar consciente es lo mismo. La búsqueda de la iluminación se basa en estar despierto y en intentar estar más despierto. Cuando lo ves en perspectiva, ésta búsqueda parece graciosa. Estar despierto es estar despierto. Existe como un estado de conciencia sin el cual no puedes existir. Es imposible borrar la conciencia, por más que te esfuerces. Para lograrlo, tendrías que dejar de existir.

No es que existir y estar despierto vayan de la mano, sino que son lo mismo. De hecho, aquí hay dos milagros. El primero es que estamos despiertos. El segundo es que sabemos que estamos despiertos. La búsqueda de la iluminación no se trata de volverse más despierto. *Se trata de adquirir más conocimiento acerca de este milagro de la lucidez.* Para saber más, tienes que experimentar más. La experiencia puede implicar más amor, más creatividad, más compasión o cualquier otra experiencia consciente. Un destello de "¡Eureka!" puede traer una epifanía sobrecogedora. Pero nada de esto es posible sin estar despiertos. Por lo tanto, la lucidez es otro milagro de la vida cotidiana.

MILAGRO 7
Revelación

EJERCICIO:

Este ejercicio es totalmente abierto. Haz una pausa y espera a que surja tu siguiente pensamiento.

¿CUÁL ES EL MILAGRO?

Cada pensamiento que alguna vez hayas tenido, incluyendo tu siguiente pensamiento, es una revelación. De la nada, brilla una luz. Ésa es una definición razonable de lo que es la revelación. No es necesario darle un giro religioso al fenómeno. Los pensamientos son impredecibles. Nadie sabe de dónde vienen. Incluso si dices que provienen del cerebro y señalas la parte de la resonancia magnética donde el cerebro se enciende, la imagen sólo detecta gradaciones de calor y del metabolismo. Tu cerebro está lleno de actividad eléctrica y química, y nada de eso es un pensamiento.

Si un pensamiento es una revelación, ¿qué es lo que revela? Se revela a sí mismo. Toma un pensamiento simple como "el cielo es azul". Se ha afirmado un hecho, pero eso es sólo el contenido del pensamiento. Antes de tener el mensaje sobre el contenido, el pensamiento anuncia: "Aquí estoy, soy tu nuevo pensamiento". Ahí está la revelación: de la nada, algo sale a la luz. La creación constante de algo que surge de la nada se considera el máximo misterio sobre cómo se creó el universo en el Big Bang.

Tú existes con miles de pequeños estallidos cada día, conforme pensamientos, imágenes, sensaciones y sentimientos se revelan ante ti. Tú no pediste que existiera, y nadie sabe cómo "nada" logra la impresionante hazaña de convertirse en "algo". Estamos ante ello como una revelación total. Por eso la revelación es otro milagro de la vida cotidiana.

MILAGRO 8
Trascendencia

EJERCICIO:

Piensa en el color rosa, y mientras lo haces observa en tu imaginación un algodón de azúcar color rosa. Ahora cambia el color del algodón de azúcar a azul, y después a verde. Finalmente, observa cómo desaparece el algodón de azúcar.

¿CUÁL ES EL MILAGRO?

Te resulta muy fácil ver una imagen en tu mente y hacer que cambie de color o que desaparezca. En vez de dar por hecho esta capacidad, reflexiona por un momento. ¿Eres tú la imagen del algodón de azúcar que viste? Obviamente no. Al manipular la imagen en tu imaginación tienes prueba de que tú no eres esa imagen. Nada de lo que sucede en tu mente eres tú. Tú pones atención —o no— a lo que sucede en tu mente, pero ¿quién está poniendo atención?

El que pone atención trasciende la actividad constante de la mente, como un peatón esperando en la esquina a que cambie el semáforo. El tráfico y los transeúntes en la acera se mueven constantemente, pero el peatón tan sólo espera y observa. No importa cuánto lo atraiga cierta imagen, está más allá de aquello que está mirando.

Cuando viste que el algodón de azúcar cambió de color en tu mente, algo más profundo sucedía. Creaste el color que elegiste. ¿De dónde obtuviste la capacidad de crear cualquier cosa? No fuiste de manera física a ningún lugar, ni abriste una caja de colores en tu mente para elegir el rosa. Creas imágenes mentales simplemente al ser creativo; es un aspecto de la conciencia que existe en ninguna y en todas partes. Todos los seres humanos vamos ahí para usar nuestra imaginación, hacer una pintura, soñar despiertos o evocar un recuerdo.

El milagro es que estás aquí haciendo un ejercicio trivial con algodón de azúcar y al mismo tiempo accedes a la creatividad pura, la cual no tiene una ubicación en el tiempo y el espacio. En otras palabras, eres atemporal siempre que desees serlo. De hecho, eres atemporal lo quieras o no. Como ser trascendente viajas entre lo finito (el tiempo pasando segundo a segundo en el reloj) y lo infinito (lo atemporal). Aunque nunca te hayas visto a ti mismo de esta forma, califica como milagro de la vida cotidiana.

MILAGRO 9
Dicha

EJERCICIO:
En tu mente observa a un niño pequeño caminando con paso vacilante. La madre está a unos metros, extendiendo los brazos. El niño pequeño está ansioso por llegar hasta donde está su madre. Su rostro está envuelto en sonrisas, sus ojos brillan conforme se acerca para abrazarla y, al mismo tiempo, esa mirada expresa placer por poder caminar.

¿CUÁL ES EL MILAGRO?
Todos hemos visto cuando el rostro de un bebé se enciende con la dicha. Cuando creaste la imagen en tu imaginación, el niño pequeño que observaste se veía dichoso. Pero ¿de quién era la dicha? Tú se la asignaste a un niño imaginario, y aun así tú eres quien la sintió. De alguna forma la dicha fue una proyección. Te pertenece a ti, pero también fue proyectada en el bebé.

Cualquier experiencia de dicha es justo así. El sentimiento de alegría te pertenece a ti, pero también es proyectado en algo que te hizo sentir feliz. Este algo puede ser cualquier cosa. El poeta inglés William

Wordsworth captura la experiencia de la dicha en los siguientes versos de su poema "Sorprendido por la alegría":

Sorprendido por la alegría, impaciente como el Viento,
me volví para compartir el embeleso.
¿Y con quién, sino contigo, enterrado en lo profundo del silencioso
*   Sepulcro,*
en ese lugar que ninguna vicisitud puede perturbar?

Éste es un momento específico, porque Wordsworth se ha dado la vuelta para compartir su alegría con su hijo pequeño, sólo para recordar en ese instante que está muerto. Es un momento conmovedor, incluso desgarrador, para él y para el lector. Pero ¿qué es más inspirador que una "alegría no provocada", como la llaman los psicólogos? La dicha aparece de la nada y desaparece cuando quiere. Nos sucede todo el tiempo. Nos sorprende un momento de alegría y de pronto ya se ha ido, casi siempre desvaneciéndose tan suavemente que no nos damos cuenta, o tal vez suspiramos por un instante cuando nos percatamos de que no estaremos alegres todo el tiempo.

El milagro es que la dicha existe, siempre lista para sorprendernos, casi siempre cuando menos lo esperamos. De todas formas, un bebé que no tiene palabras para la dicha, y ningún pensamiento constante sobre la dicha, puede entrar en ella. Este aspecto de la conciencia no puede ser explicado. Tan sólo es un milagro de la vida cotidiana.

MILAGRO 10
Ser

EJERCICIO:

Obsérvate a ti mismo parado en el extremo de un trampolín, listo para lanzarte al agua. Miras hacia abajo y ves que no hay una alberca, sino un océano de luz blanca. El océano se extiende en todas direcciones. La visión te atrae. No puedes esperar a lanzarte hacia la luz blanca, así que doblas las rodillas, extiendes los brazos y saltas del trampolín. Ahora, justo cuando estás en el aire, congela la imagen. Te ves a ti mismo en un clavado de cabeza, congelado en el aire sobre un océano infinito de luz blanca.

¿CUÁL ES EL MILAGRO?

De lo único que estamos seguros, cada uno de nosotros, es que existimos. Pero esto también es la única cosa que no podemos describir con palabras. "Yo soy" no habla de una acción. Puedes asignar todo tipo de cosas a "Yo estoy". Yo estoy caminando, Yo estoy hambriento, Yo soy un abogado, Yo voy a ser ascendido en el trabajo. Pero "Yo soy" no necesita que nada se le añada. Está ahí por sí mismo.

Pero esas palabras no nos acercan a la realidad del ser. En este ejercicio recreaste la sensación de un sueño de vuelo, el cual la mayoría de la gente diría, si tuviera un sueño así, que se siente completamente libre y extático. Los sueños de vuelo nos liberan de la gravedad y del temor a caer. Pero también nos hacen estar aquí.

Ser es una condición intocable. En el Libro II del Bhagavad Gita, el Señor Krishna da una descripción legendaria del ser: "Las armas no pueden cortarlo, el fuego no puede quemarlo, el agua no puede mojarlo ni el viento puede secarlo".

Un comentarista del libro realizó esta observación astuta sobre este famoso verso: "Aquí, lo no visto ha sido explicado por los medios de lo visto". Si reflexionas por un momento, estas palabras describen nuestra existencia entera. Actuamos lo no visto, el campo infinito de la conciencia pura, por medio del mundo que vemos, escuchamos, tocamos, probamos y olemos. Suspendidos en el aire como un clavadista sobre un mar de luz blanca, no estamos yendo hacia ninguna parte. El ser no se mueve, y nosotros somos ese ser. Pero cuando la conciencia entra al mundo, nos sentimos mover, nacer, morir y todo lo que está en el medio. En cada momento está sucediendo, estamos suspendidos en el aire sobre el mar de la conciencia, que es el mar del ser.

En este último ejercicio todo se resume. Cuando te das cuenta de que eres una expresión de la conciencia pura, del Ser puro, entonces naturalmente todo es un milagro. La creación brota por su propia voluntad, y te encuentras en su abrazo. Por donde lo mires, tan sólo estar aquí es milagroso.

CURSO DE MEDITACIÓN DE SIETE DÍAS

Entendimientos para la vida

EL ENTENDIMIENTO Y LAS SIETE METAS DE LA VIDA

Hasta aquí la meditación total ha aclarado varias verdades:

La mente se reequilibra a sí misma de manera natural.
Cuando estás balanceado, estás en estado meditativo.
Alcanzar el silencio interior no requiere ningún esfuerzo.
El silencio interior debe ser útil.

El último punto nos prepara para esta sección del libro, la cual nos dice cómo hacer del silencio algo útil para nosotros a nivel personal. ¿Qué motiva tu vida? No importa qué tan distintos seamos unos de otros, por miles de años los humanos nos hemos levantado de la cama todas las mañanas para perseguir las mismas metas y lograr los mismos sueños. El silencio interior debe ser útil, permitir que estas metas sean alcanzables y que nuestros sueños se hagan realidad.

¿QUÉ QUEREMOS TODOS EN REALIDAD?

Primero voy a listar las siete metas básicas que nos impulsan a todos:

Seguridad y confianza
Éxito y logro
Amor y pertenencia
Significado y valía personal
Creatividad y descubrimiento
Propósito superior y espiritualidad
Totalidad y unidad

Hoy, al igual que todos los días pasados y todos los días futuros, procurarás alcanzar estas siete metas. La naturaleza humana es complicada y tú eres capaz de buscar más de una meta al mismo tiempo. A veces están revueltas. Por ejemplo, puedes tener un trabajo que te haga sentir seguro y valioso y en el que seas exitoso. Has encontrado un propósito que incluye estas tres cosas. Si tu trabajo además es creativo, se añade otra dimensión.

En el matrimonio y otras relaciones primarias, naturalmente quieres sentirte seguro y confiado. Quieres que la otra persona te dé amor y te genere una sensación de pertenencia. ¿Es eso suficiente para darle significado a tu vida? Por muchas generaciones, se les dijo a las mujeres (los hombres lo hicieron) que esa vida era suficiente. La situación actual tanto para mujeres como para hombres es más complicada y confusa que nunca.

Aceptar que los modelos tradicionales no definen lo que una relación debería de ser ayuda mucho para clarificar esta confusión. En realidad, no existe un esquema de vida que sea adecuado para todos.

La aspiración última es satisfacer las siete metas de manera que las convirtamos en algo personal. Tú y tu vida son uno, una mezcla única de mente, cuerpo y espíritu.

No se logra nada en la vida si no es a través de la conciencia. No te tropiezas a ciegas con el amor, el significado, el éxito o la creatividad. Por el contrario, debes evolucionar estas áreas de tu conciencia. La parte lógica de tu mente se sentiría satisfecha si todo lo bueno y útil se presentara en línea recta, pero no funciona así. Los niños no son plantas de un semillero. No crecen según un itinerario para producir manzanas o rosas. Algunas personas se sientan y escriben: "Lo que quiero ser en cinco años". Pueden o no terminar en ese lugar en cinco años. Pero algo es seguro: lo más valioso en la vida llega sin avisar.

EL ENTENDIMIENTO HACE QUE SUCEDA

Propongo que las siete metas pueden alcanzarse. Tu ser verdadero existe para llevarte hasta ese punto, siguiendo un camino único. En este momento, tu ser verdadero está listo para proveerte de lo que sea que necesites saber, para alcanzar tus metas. Este conocimiento viene en forma de entendimiento, y no sólo uno, sino una ristra de ellos de manera cotidiana. El entendimiento puede definirse como el momento cuando pides la verdad y te es dada. La conciencia revive. El silencio se vuelve útil. El momento puede otorgarte una verdad de tal importancia que digas "¡Eureka!". Te das cuenta de tu propósito en la vida o de con quién quieres casarte, en otras palabras, las grandes decisiones. Pero el entendimiento no tiene que ser algo grande. El entendimiento está contenido en cualquier mensaje de tu conciencia silenciosa.

Si esta afirmación suena demasiado abstracta o idealista, necesitas darte cuenta de que todo el tiempo has estado buscando —y recibiendo— entendimientos, desde tu conciencia silenciosa. Te sumerges en la conciencia silenciosa cada vez que haces lo siguiente:

> *Te preguntas cómo te sientes realmente.*
> *Quieres saber si deberías llevar tu relación a un nivel más profundo de compromiso.*
> *Necesitas una gran idea.*
> *Rezas por alguien o por ti mismo.*
> *Le pides guía superior a un poder invisible.*
> *Quieres saber lo que realmente siente otra persona.*
> *Quieres encontrar la manera de motivar a alguien para hacer lo que tú quieres.*
> *Te da curiosidad lo que mueve a otra persona.*
> *Quieres claridad sobre tu vida y hacia dónde te diriges.*
> *Quieres prever lo que viene.*

Como puedes ver, todos nos involucramos con la búsqueda de entendimiento, y los resultados de nuestra vida dependen de nuestra habilidad para encontrar nuestra propia verdad. La habilidad que necesitas ya está presente dentro de ti, porque a nivel de tu ser verdadero, estás plenamente consciente.

UNA SEMANA DE ENTENDIMIENTOS

Los entendimientos llegan de manera natural, pero no siempre provienen del mismo nivel. Se requiere un entendimiento profundo para lograr las siete metas de la vida. Afortunadamente, el entendimiento profundo, el que te permite lograr tus metas en la vida, está a tu alcance. Tu ser verdadero tiene una visión clara de las posibilidades que tu ego no puede reproducir. La meditación te acerca a tu ser verdadero. Centrado y calmado, harás la conexión. Ahora, todo lo que tienes que hacer es usarla.

Los entendimientos están ahí disponibles, pero nadie nos enseñó a organizar nuestra vida buscando entendimiento. En cambio, tomamos decisiones basados en una mezcla de hábitos, opiniones ajenas, condicionamientos sociales, y todo otro conjunto de creencias, experiencias y memorias que cargamos en nuestro interior. El entendimiento es, sin embargo, casi demasiado fácil de aprender. Puedes deshacerte, en este momento, de esa confusa mezcla de hábitos, condicionamientos y creencias, simplemente entrando en un modo meditativo y preguntándole a tu ser verdadero aquello que es en realidad importante para alcanzar una meta.

Tres preguntas que en verdad importan

¿Qué estoy haciendo bien?
¿Qué no me está funcionando?
¿Cuál es mi siguiente paso?

Si tuvieras las respuestas a estas preguntas en el momento en que las necesitas, tu vida prosperaría. Crecerías y evolucionarías. Tus preciadas metas serían alcanzadas de manera consciente. En sánscrito, estarías en tu *dharma*, el camino que ayuda a tus deseos de la manera más natural y efectiva.

Debido a que existen siete grandes metas, es útil organizar tus meditaciones para el entendimiento en un curso de siete días. En este curso tu ser verdadero es el maestro y tú eres el estudiante o buscador. No hay horario fijo, y no necesitas hacer un esfuerzo extra para mantenerte dentro de los principios centrales de la meditación total. En el día 1, el foco está en la seguridad y la confianza; en el día 2, está en el éxito y los logros; y así sucesivamente.

El curso de siete días está diseñado para ser tu guía constante. Idealmente se convertirá en un estilo de vida. Tu ser verdadero tiene una verdad que revelar en cualquier situación. Una vez que aprendas a buscar respuestas en el silencio del entendimiento, descubrirás que éste es el método correcto para tomar decisiones. Cuanto más organices tu semana alrededor de las siete metas de la vida, más rápidamente las alcanzarás, usando el poder y el conocimiento de la conciencia pura.

Te conoces a ti mismo más que nadie. A través de la meditación para el entendimiento, te conocerás mejor. Mientras reflexionas las tres preguntas que importan, estás buscando la verdad, no una opinión casual o una idea que has tenido otras veces. La mente está predispuesta al hábito —nos regresa, la mayoría de las veces, a los mismos pensamientos, una y otra vez—. Estos pensamientos son en general suficientemente buenos para transitar por la vida, pero no nos revelan nada nuevo. Buscar el entendimiento es un proceso consciente y una vez que lo aprendes, será un proceso que se dará de manera natural. Te asombrará la manera en la que el mundo a tu alrededor se revela ante tus ojos de formas nuevas y hermosas.

Cómo pedir entendimiento

Siéntate solo en un lugar tranquilo y céntrate. Hazlo cerrando los ojos, respirando profundo un par de veces, y colocando tu atención en la región de tu corazón.

Hazte una pregunta en silencio.

Despréndete de la pregunta y espera la respuesta.

Confía en que la respuesta te será dada.

En algún momento, tarde o temprano, la respuesta llegará de manera espontánea.

No hay nada esotérico en este proceso. Un sinnúmero de veces en la vida nos hemos detenido a preguntarnos, en general con desconcierto: "¿Qué es lo que estoy haciendo mal?" o "¿Qué debo hacer ahora?". La mayoría del tiempo, sin embargo, no nos preguntamos esto en el estado de ánimo apropiado. Por lo general estamos atorados o confundidos. Nos encontramos con una resistencia y necesitamos una salida. La situación ya nos está ejerciendo presión, y por lo tanto tratamos de encontrar una respuesta mientras estamos estresados. Esto es lo que yo llamo estar atorado al nivel del problema. La meditación para el entendimiento tiene que ver con alcanzar el nivel de la solución, que es donde se encuentra tu ser verdadero. Cuando haces una pregunta importante de manera intencional, o pides entendimiento en un estado relajado, abres la puerta a una mayor conciencia y por lo tanto será más probable que las respuestas vengan a ti.

El cuerpomente es un todo; por lo tanto, el entendimiento no sólo es mental. Puedes experimentarlo como una sensación. Al menos ocurrirán una o dos cosas de las siguientes.

Cómo se sienten los entendimientos

Estás sorprendido y a menudo encantado.

Hay un momento de eureka al descubrir algo nuevo.

Sientes certidumbre respecto a tu entendimiento.

No sientes necesidad de poner en duda las cosas.
El entendimiento tiene sentido para ti.
Sientes que has alcanzado un punto decisivo.
Puedes sentir ligereza o un cosquilleo físico.

Estas indicaciones pueden ayudarte a ver cómo se diferencian los entendimientos de los pensamientos cotidianos. La belleza de tener tus propios entendimientos es que te motivará y emocionará. He dicho antes que ese momento de eureka también cuenta. Tan sólo busca estos indicadores en tu meditación, y mientras pasa el tiempo, se volverán muy familiares. Puedes sentirlo en tu corazón y en tus huesos cuando despiertas.

Mantente también al tanto de los cambios en la percepción. Con esto me refiero a sentir algún tipo de sensación física como ligereza en el cuerpo o una relajación placentera. Visualmente, el mundo a tu alrededor podrá parecerte más brillante, o lo familiar puede de pronto resultarte nuevo y digno de volver a apreciar. Mantén en mente que estas experiencias te están conduciendo al despertar.

Hemos cubierto lo básico, así que no hay nada más que hacer sino empezar. Al principio necesitarás paciencia, porque buscar el entendimiento es algo nuevo y para la mayoría de la gente, algo muy ajeno. Cuando actúas sin entendimiento, estás dormido, y tomas muchas decisiones de manera inconsciente, razón por la cual tu vida ha caído en patrones predecibles. Pero si intentas pedirle entendimiento a tu ser verdadero, sin previo aviso, necesariamente habrá resultados. Hay una brecha entre el "Yo", el ego de tu personalidad al que te has acostumbrado, y tu ser verdadero.

Para llenar este vacío, he iniciado cada día con una serie de entendimientos. Algunos de ellos los adquirí durante mi propio camino. Otros son de santos, sabios y guías espirituales de la sabiduría tradicional mundial. Las palabras en todos estos entendimientos provienen del ser verdadero, el cual habla a partir de la conciencia pura. Léelas antes de iniciar tu meditación para enfocar tu mente en la meta del día. No te pido que las aceptes como entendimientos prefabricados. La sabiduría de alguien más no es un sustituto del entendimiento propio.

No hay nada mejor, sin embargo, que alinearte con las verdades espirituales más elevadas. Generación tras generación, han servido para ayudar a otros a despertar. Siempre tengo presente un adagio espiritual con el que crecí en India: "Se requiere una sola chispa para incendiar el bosque". En otras palabras, una vez que tienes el primer entendimiento sobre tu ser verdadero, estarás motivado para despertar por completo. Deja que estas meditaciones sean tu chispa. La flama de la iluminación está esperando para brotar, y tú eres esa flama.

DÍA 1: SEGURIDAD Y CONFIANZA
TU META: sentirte completamente seguro y confiado

Los entendimientos del día:
Sólo estás tan seguro como sientas estarlo.
Tu ser verdadero nunca está amenazado.
El mundo refleja tu seguridad interior o tu inseguridad interior.
Cuando te sientes pleno, estás completamente a salvo.
Estar a salvo es estar presente en el aquí y el ahora.

Al nivel del ser verdadero estás perfectamente seguro y a salvo. No hay amenaza que pueda desviar a tu ser verdadero de esta noción, porque es innata, y viene directo de la conciencia pura. Es obvio que la vida cotidiana trae consigo situaciones que parecen ser lo opuesto.

Las noticias están llenas de historias sobre desastres y peligro inminente. Cuando nos sentimos amenazados, nuestra mente imagina el peor escenario posible. El estrés es una amenaza en sí mismo, incluso en dosis pequeñas, ya que dispara una respuesta que heredamos para lidiar con este tipo de amenazas: corremos (huimos) o enfrentamos físicamente el peligro (luchamos).

En la meditación total se da un avance porque empiezas a experimentar la verdad: estar a salvo es un estado de conciencia. Hoy puedes vivir más cerca de un estado de conciencia que te haga sentir totalmente seguro y a salvo.

Las tres preguntas que importan

Hoy puedes fomentar tu seguridad y confianza reflexionando sobre las tres preguntas que importan. Quizá será más eficaz si simplemente eliges una pregunta. Permite que tu atención se centre en los asuntos que te llaman de manera personal.

¿Qué estoy haciendo bien?

- Cualquier paso que des que te haga sentir seguro y confiado *contigo mismo* está bien. La acción básica es entrar a un modo meditativo siempre que empieces a sentirte presionado o inseguro. Al hacerlo, alejas a tu conciencia del estrés.
- Busca un lugar tranquilo, respira hondo un par de veces, y pon atención a las señales de tu cuerpo. Cuando sientas tensión, presión, incomodidad o dolor, hazles caso a estas sensaciones. Permite que tu atención se enfoque en la zona que te molesta, mientras respiras despacio y con regularidad. No

fuerces nada. Sé paciente y permite que tu conciencia alivie la incomodidad de forma natural.

- Pon atención en las personas que te rodean y en su estado de conciencia. El estrés se contagia con facilidad. Minimiza la cantidad de tiempo que pasas con quienes se sienten presionados o te presionan.

- Todos tenemos el hábito de sentir fascinación por las malas noticias, los desastres naturales y todo tipo de catástrofes. Habitúate a ponerles menos atención a esas historias. Si te generan ansiedad o te hacen sentir inseguro, repite en silencio: "No estoy en peligro aquí" y espera hasta que te sientas a salvo.

- Rodéate de personas que son seguras y confían en sí mismas. A menudo son las más tranquilas y reconfortantes.

- Crea a tu alrededor un ambiente que refleje el estado de seguridad interior. Enfócate en la paz y la quietud, en el orden, la belleza visual y la luz.

¿Qué no me funciona?

- Cualquier paso que te haga sentir inseguro de *ti mismo* no funciona para ti.

- Preocuparte o sentirte ansioso no resuelve nada. A la primera señal de preocupación, céntrate y encuentra de nuevo la calma.

- Rodearte de personas inseguras, ansiosas y que están a la defensiva puede hacerte sentir más fuerte o darte una sensación de pertenencia. Pero ésta es la sensación de pertenencia equivocada. Refuerza la creencia de que el mundo es un lugar inseguro y que no estás a salvo en él.

- Obsesionarse con los peores escenarios posibles no funciona para ti. Desperdicias tiempo y energía en algo que, sin ninguna necesidad, te aleja de tu zona de confort interior.

- Evita la necesidad de justificarte frente a los demás. Estar a la defensiva no es protección. Cuanto más defensivo seas, más insegura será tu vida interior.

- Darse por vencido frente al otro te hace sentir que no eres suficientemente fuerte. Evita a aquellos que no te tratan como a un igual, con respeto y consideración.

- Asumir las amenazas externas de forma personal no te funciona para estar a salvo. Si las malas noticias no te afectan, envía pensamientos de esperanza y compasión a aquellos afectados, y después desvía tu atención a otra cosa.

- Valerte de la fuerza de otro no funciona para sentirte seguro. Te volverás dependiente, y cuando tengas que sostenerte por ti mismo, sentirás duda e inseguridad.

- Depender de más dinero, estatus, poder o posesiones para sentirte seguro no funciona. Sólo estás escondiéndote de tu propio miedo e inseguridad. Siempre haz que la seguridad interior sea tu meta.

¿Cuál es mi siguiente paso?

- Prioridad: hacer más de lo que estás haciendo bien. Hacer menos de lo que no está funcionando para ti.

- Visualiza la luz blanca en el área de tu corazón. Siéntate tranquilo y conversa con esta luz.

- Dedica tiempo a ir a algún lugar que sea totalmente tranquilo y seguro. Hazlo tu santuario, y deja afuera cualquier amenaza o presión externa. Permite que la sensación de este lugar se funda contigo, para que el exterior y el interior emanen la misma paz.

- Dedica tiempo a apoyar a alguien a quien conozcas y necesite ayuda. Bríndale consuelo, tranquilízalo y ofrécele tu servicio. De esta manera compartes tu propio sentido de seguridad interior. Ser un ancla para otra persona expresa tu fuerza interior y tu seguridad.

- Pon atención a lo que te produce más estrés: trabajo, familia o relaciones. Encuentra una forma de reducir el estrés. Por ejemplo: habla con quien está estresándote y, con tranquilidad, pídele ayuda. Evita los pleitos de oficina ayudando a quien lo necesite, sin tomar partido. Reduce el ruido y las distracciones en casa. Comparte de manera honesta tus sentimientos con tu pareja, evitando las incriminaciones y las culpas.

Tu entendimiento el día de hoy:

_____

_____

_____

_____

DÍA 2: ÉXITO Y LOGRO

TU META: irradiar conciencia a través del trabajo que haces

Los entendimientos del día:

El trabajo expresa tu nivel de conciencia. (En términos generales, el trabajo incluye la actividad a la que le dedicas la mayor parte de tu día.)

El trabajo y la vida se expanden o contraen juntos.

Cuanta más conciencia destines a tu trabajo, más satisfecho te sentirás.

El trabajo que haces representa lo que piensas que mereces.

Estar despierto es el mayor tipo de éxito.

El trabajo y la vida otorgan el mismo gozo cuando estás despierto.

Si llevas contigo a tu ser verdadero al trabajo, cualquier labor será satisfactoria. Para la mayoría de las personas, el día 2 se centra en su ocupación, pero el éxito se aplica también a aquellos que están retirados o a los papás y mamás que se dedican al hogar. A cualquier edad buscamos satisfacción y logros en la actividad principal a la que nos dedicamos cotidianamente.

Puedes encontrar todos los días una manera de ampliar tu conciencia, y así darles al trabajo y a las actividades diarias en general un sentido más profundo. A través de la conciencia expandida, el estrés y el aburrimiento serán cosa del pasado. No estoy narrando un cuento de hadas. La razón por la que millones de personas están estresadas, aburridas o insatisfechas en el trabajo es porque están haciendo realidad sus expectativas. Esto sucede inconscientemente para la mayoría, pero si rascas más allá de la superficie, encontrarás la verdad: el trabajo es visto como un lugar en donde rige la autoridad y la inseguridad se encona. Aburrida de su trabajo, pero temerosa de perderlo, la gente baja la cabeza, se pone a laborar y espera con ansias el fin de semana.

No todos los días ni todos los trabajos son malos, por supuesto. Hay una inclinación natural por sacarles lo mejor a las cosas, y en general, a las personas les gusta su trabajo. Sin embargo, incluso en esta circunstancia, el ser que llevamos al trabajo es nuestro ser social. Es la imagen de lo que queremos proyectar para sentir que encajamos y armonizamos. Todas las imágenes son artificiales. No expresan nada cercano al ser verdadero. El ser verdadero existe para que puedas expandir tu conciencia, despertar y encontrar satisfacción sin importar lo que estés haciendo.

Tienes la opción de expandir o contraer tu conciencia en el trabajo. Nada te impide expresar tu ser verdadero. De hecho, será bienvenido si muestras amabilidad, empatía, aceptación, respeto por todos y cualquier otra señal de lucidez. No importa cuál sea, tu trabajo representa tu nivel de conciencia.

En la meditación total hay un avance porque empiezas a experimentar la verdad: el trabajo y la vida se expanden juntos o se contraen juntos. No hay manera de evitar este hecho. La conciencia contraída limita tu realización, no sólo en el trabajo, sino en tu vida entera. La conciencia expandida te da oportunidades de evolucionar por medio de tu trabajo, encontrar el éxito y la realización de adentro hacia afuera.

Las tres preguntas que importan

El día de hoy puedes promover el éxito y el logro reflexionando sobre las tres preguntas que importan. Probablemente será más eficaz si eliges una sola pregunta. Permite que tu atención se dirija a los asuntos que te llaman de manera personal.

¿Qué estoy haciendo bien?

- Cualquier paso que te haga sentir más realizado está bien. Al entrar en el modo meditativo experimentas calma y silencio, lo cual es en realidad el umbral de la realización, ya que el ser verdadero está ya realizado.
- La realización está expresada como una dicha. Cualquier experiencia dichosa es una señal de éxito. Otórgales un alto valor a las experiencias dichosas y date cuenta de que la manera en la que te sientes en el trabajo es importante.
- Date un momento para sentirte orgulloso del trabajo que desempeñas, y alaba el trabajo de alguien más para que pueda sentir orgullo también.
- Si te das cuenta de que estás aburrido, entra al modo meditativo y restaura tu sensación de bienestar.
- Muestra empatía por la manera en la que tus colegas y familiares se sienten. Cuando tengas el impulso de acercarte

a alguien de una manera personal (no hablo de un romance de oficina), ábrete a ese impulso.

- Tómate cada día un momento en el trabajo para estar solo y tranquilo. Si tienes oportunidad, camina al aire libre, cerca de la naturaleza, para reanimarte.

- Levántate y camina un poco con regularidad a lo largo del día, para mantener tu cuerpo con energía.

- En las reuniones, apoya los planes que valoras genuinamente. Ten la disposición de expresar tu verdad cuando tenga un valor positivo.

- Revisa a menudo tu estado de ánimo en el trabajo o si estás muy ocupado en casa. Pon atención en tu humor, es una parte esencial del despertar.

- Acepta los nuevos retos y amplía tu contribución a un proyecto.

¿Qué no me funciona?

- Cualquier paso que te haga sentir bloqueado, frustrado e insatisfecho en el trabajo no funciona para ti.

- Dejar pasar las cosas pasivamente, cuando en realidad no te gusta lo que está sucediendo, no funciona para ti.

- Quejarte, chismorrear e involucrarte en problemas de oficina sólo incrementan tu descontento interior.

- Resiste el impulso de enfocarte en las exigencias de tu trabajo dedicándole demasiadas horas y llevando tareas a casa. Esos hábitos convierten el trabajo en una fuente de presión y una obligación que no tiene nada que ver con sentirse realizado.

- No ayuda apretar los dientes y salir adelante en un trabajo que odias, sólo para ganar el pan de cada día. La única cosa que lograrás es contraer tu conciencia, y cuanto más contraído te encuentres, menos capaz serás de salir de la rutina.

- Ser el más trabajador sólo es productivo si te hace sentir más valioso y realizado. No funciona para ti si te sientes obligado; si es así, te estás tratando como una máquina.
- Resiste el impulso de etiquetar a las personas como ganadoras o perdedoras. Incluso si tratas de ser un ganador, el miedo de convertirte en un perdedor te perseguirá.
- Si todo el tiempo estás esperando que llegue el fin de semana, o estás en el trabajo incorrecto o trabajas compulsivamente en el trabajo adecuado. Ser compulsivo en el trabajo con el tiempo te hará ser compulsivo en las demás áreas de tu vida.

¿Cuál es mi siguiente paso?

- Prioridad: hacer más de lo que estás haciendo bien. Hacer menos de lo que no está funcionando para ti.
- Pídele a alguien del trabajo en quien confíes que te dé una opinión honesta sobre si estás alcanzando tu potencial.
- Pídele a alguien cercano que te diga si te vez feliz con tu trabajo y si hablas de él de manera positiva.
- Busca síntomas inconscientes de estar insatisfecho, como necesitar un trago después del trabajo, quejarte de tus colegas, estar aburrido o cansado, y no hablar nunca o rara vez de tus metas soñadas.
- Ten una meta soñada, y da un paso, aunque sea pequeño, en la dirección para alcanzarla.

Tu entendimiento el día de hoy:

_____

_____

_____

_____

DÍA 3: AMOR Y VINCULACIÓN
TU META: experimentar amor incondicional

Los entendimientos del día:

El amor es una expresión de conciencia pura, la cual es eterna.

Tu ser verdadero transmite amor incondicional.

En el amor incondicional no hay diferencia entre tú y el otro.

El amor quiere compartir, y por lo tanto está ansioso de vincularse con el otro.

La devoción es la actitud del amor incondicional.

La cima de la devoción es dicha ininterrumpida.

Cada momento de dicha ofrece una mirada al amor incondicional.

Cuando vives desde tu ser verdadero, el amor incondicional es tuyo para dar y recibir. Para que esto suceda, debes estar completamente despierto. En la lucidez estás siempre conectado con tu ser verdadero, y por lo tanto el fluir del amor no cesa. Si estás despierto por momentos, el amor viene y va. Esto es natural. Hay lapsos en los que no experimentas amor, pero cualquier momento de amor te deja entrever esta meta. El amor es, por lo tanto, uno de los senderos más positivos.

Antes de que despiertes por completo, el amor que das y recibes es condicional. Puede cambiar o incluso perderse de vista. Para muchas personas, el amor se convierte en una transacción: hay un dar y recibir con alguien más. El amado debe satisfacer la personalidad ególatra del amante. En el modo meditativo hay un avance: el dar y recibir se termina. En cambio, te vives a ti mismo como la fuente de amor incondicional. A medida que esta noción se profundiza, puedes amar a otra persona sin dependencia o demandas. Al ser suficiente por ti mismo, tu amor es un regalo sin condiciones.

Como el amor incondicional es eterno, nunca va y viene, sino que es permanente. Como no tienes que merecerlo, este amor perpetuo se identifica con la gracia. Puedes llamarla gracia divina o conciencia pura, según prefieras. A mucha gente le parece más fácil ser devota a Dios porque busca una figura humana, una madre o padre divinos, para recibir su devoción. En la sabiduría tradicional más pura, Dios es una forma que la conciencia pura ha tomado, y puedes decidir experimentar la gracia y la dicha desde tu ser verdadero. Lo que sea que te llene de amor está bien para ti, porque el camino que cada uno sigue hacia el amor incondicional es único. Lo que debes recordar es que el amor no está separado de ti. Cualquier intervalo entre el amor y la falta de amor indica una brecha entre tú y tu ser verdadero, y en la meditación total puedes sanar esta brecha de manera permanente. La avidez del amor para vincularse con otro simboliza su impulso más profundo, el cual es permanecer eternamente en el ser verdadero.

Las tres preguntas que importan

El día de hoy puedes acercarte al amor incondicional reflexionando sobre las tres preguntas que importan. Quizá sea más efectivo si sólo eliges una pregunta. Permite que tu atención se dirija hacia lo que está llamándote de manera personal.

¿Qué estoy haciendo bien?

- Cualquier paso que des hacia una experiencia amorosa está bien. Al entrar en modo meditativo, experimentas el impulso de la dicha que se manifiesta con facilidad desde el silencio interior. La dicha, el gozo, el éxtasis, aunque sean fugaces, son destellos del amor incondicional.

- Date la oportunidad de ser amable y empático. Porque el comportamiento amable no pide nada a cambio, expresa amor altruista. El amor incondicional es siempre altruista.
- La devoción es una expresión de amor. A quienquiera o a lo que sea a lo que le ofrezcas tu devoción, está bien para ti, si es devoción amorosa.
- El corazón es el área más sensible del cuerpomente en lo que se refiere al amor. Durante el día de hoy, varias veces, pon atención a tu corazón y descansa ahí para sentir su cálido y amoroso resplandor. Si esta tibia y amorosa sensación es tenue o está ausente, regálate una experiencia que la traiga de regreso. La mejor opción es conectar en persona con alguien a quien ames (lo ideal es hacerlo por lo menos durante una hora diaria). Pero cualquier experiencia dichosa con la naturaleza, el arte, la música, el juego de los niños o escritura inspiradora, nutrirá tu corazón.
- Piensa en seis personas, incluyendo familiares y amigos, con los que sientas una conexión. Date tiempo para renovar esos lazos al menos una vez por semana, de preferencia cara a cara o con una llamada telefónica.
- Cada vez que hagas una conexión, preséntate de manera generosa, empezando con una sonrisa y unas palabras compasivas.
- Irradia el amor de tu corazón. Visualiza a la persona a quien le envías tu amor y observa el vínculo de luz que los conecta. Esta conexión de corazón a corazón es silenciosa y sólo necesita un momento. Pero al nivel del ser verdadero, estás enriqueciéndote a ti y a la otra persona.
- Manda pensamientos amorosos y compasivos a las personas fuera de tu círculo inmediato. Hazlo siempre que tu corazón se conmueva por su situación. Es aún mejor si a esto agregas una acción amorosa. Puedes ofrecer una bendición silenciosa cada vez que sientas ese impulso, incluso a un extraño.

- Cuando te des cuenta de que tienes pensamientos o impulsos no amorosos repetitivos, entra en modo meditativo, aquieta tu interior y dile al pensamiento que no lo necesitas más. Repite esto hasta que el pensamiento se diluya, sin luchar contra él, pero informándole que ya no eres receptivo.

¿Qué no me funciona?

- Cualquier paso que te haga querer contener tu amor no está funcionando para ti.
- Aislarte te aleja del flujo del amor que podrías estar experimentando.
- Pedirle a alguien que haga lo que tú quieres para conseguir tu amor no funcionará. La otra persona puede encontrar mejores ofertas con alguien más.
- Ser dependiente no funciona para que otros te amen. Sin importar lo atentos o empáticos que sean, el resentimiento se acumulará.
- Si no estás dispuesto a entregarte, no podrás experimentar el amor altruista, que es lo que tu ser verdadero trata de darte.
- Retener el amor, incluyendo el sexo, es una forma de venganza que alterará una relación amorosa.
- El sexo sin sentido nunca es el camino hacia el amor. La sexualidad puede ser gratificante en sí misma, pero adquiere sentido, valor y realización cuando se combina con amor.
- No funciona pedirle amor a alguien que no quiere dártelo, sin importar lo mucho que desees que así sea.
- Si te parece más fácil dar amor que recibirlo, es muy probable que tu amor esté basado en la inseguridad. Estás compensando el sentimiento profundo de que no eres digno de amor.

¿Cuál es mi siguiente paso?

- Prioridad: hacer más de lo que estás haciendo bien. Hacer menos de lo que no está funcionando para ti.

- De una manera que te sea fácil, expresa más aprecio por los demás.

- Si sientes que se genera un vínculo con alguien, aliméntalo con afecto y simpatía. No esperes o predigas nada. Deja que el vínculo se desarrolle por sí mismo.

- Deja que los demás sean quienes son, sin juicio. Si emites un juicio, procura ser neutral. No debes amar a todas las personas que conoces, pero puedes dejar de enviar señales de desaprobación o de retener el amor.

- Lee textos inspiradores o poesía que exalten el amor incondicional. Al hacerlo renovarás tu visión del amor eterno tal como lo experimentamos aquí en la Tierra.

- Encuentra una manera de irradiar amor altruista a través de actos de servicio. Aliviar la soledad, el aislamiento o la pobreza de alguien más es un paso hacia el amor incondicional.

- Procura reparar en los juicios que haces de ti mismo. No necesitas tratar de amarte, por lo común es la personalidad del ego que intenta reafirmar su imagen. En cambio, entra en modo meditativo y deja que el juicio a ti mismo se disuelva. No tienes que pelear con él, tan sólo deja de escucharlo.

Tu entendimiento el día de hoy:

_____

_____

_____

_____

_____

DÍA 4: SIGNIFICADO Y VALÍA PERSONAL

TU META: vivir con certidumbre respecto a tu propia valía

Los entendimientos del día:

El valor personal se alcanza viviendo tu verdad.

Cuando buscas tu ser verdadero, tu vida cobra sentido.

Cada valor en tu ser verdadero añade otra capa al sentido de tu vida.

El propósito último de la vida de cualquiera es estar plenamente consciente.

Cuando estás completamente despierto, expresas cada verdad.

El sentido de la vida se encuentra en el momento presente y la manera en que respondes a él.

La conciencia pura es un reservorio de posibilidades infinitas, la fuente de propósito y significado.

Mientras existas, tu vida tiene sentido. La conciencia total fluye por cada célula. El universo completo conspira para hacer posible el instante presente. A nivel de tu ser verdadero, la verdad de estos conceptos es muy clara. No hay equivocación en lo valioso que eres. La vida encuentra propósito en cada individuo simplemente por su ser consciente. Pero cuando tu conciencia es limitada, la valía personal se pone en duda. La personalidad del ego está en un estado de desconexión con tu ser verdadero. Por lo tanto, siempre duda de si tiene valía. Vivir desde el ego, es dudar si en realidad importas.

En la meditación total, el estado de calma interior y silencio se justifica. No tienes que trabajar para merecerlo. El mismo principio funciona fuera del modo meditativo. Tu existencia ha sido significativa en cada momento desde que naciste. La realización es la clave. Debes ver y sentir lo valioso que eres. La mayoría de las personas busca validación en el lugar incorrecto. Busca aprobación en el exterior antes de sentirse valiosa, y si la aprobación se convierte en crítica, se siente devastada. Estar atados a la aprobación y la crítica de los demás, nunca logrará una sensación de valía de uno mismo que sea duradera y sólida.

La capacidad de la personalidad del ego para sentirse valiosa es inestable y temporal. Por lo común, el "Yo" busca cosas exteriores como dinero, posesiones y estatus para probar su valía, pero son una fachada. Los únicos momentos en los que el ego se siente en realidad valioso son aquellos en que se ha conectado con los valores del ser verdadero. Todos experimentamos esta conexión por momentos, lo cual demuestra que el ser verdadero está siempre tratando de comunicarse con nosotros.

Ésta es la razón por la cual sentimos impulsos de amabilidad amorosa, ausencia de dudas, un deseo de mostrar gratitud y una sensación de completo bienestar. "Soy suficiente" se convierte en la actitud subyacente sin importar lo que estés haciendo. Al hacer permanente esta conexión, lo cual sucede una vez que estás completamente despierto, te encuentras en una posición única. Tu vida expresa todo lo que tu ego quiere lograr, a través de la certidumbre de que eres importante. Y sin embargo, en la realidad, te sientes generoso y humilde. Te has convertido en el instrumento de una conciencia superior que irradia su verdad al mundo.

Las tres preguntas que importan

El día de hoy puedes acercarte a la autoestima y el significado inquebrantables al reflexionar sobre las tres preguntas que importan. Quizá sea más eficaz si elijes una sola pregunta. Deja que tu atención se dirija hacia los temas que te llaman de manera personal.

¿Qué estoy haciendo bien?

- Cualquier paso que te brinde un sentido de propósito está bien. Al entrar en modo meditativo, experimentas algo muy simple y a la vez muy importante: un sentido de ti mismo. No importa lo que pienses, digas, sientas o hagas, tu sentido de ti mismo está siempre observante, en silencio y nunca cambia.

- Disfruta ser quien eres. Tómate un momento para sentir lo bueno que es sencillamente estar aquí. "Yo soy" es el cimiento del ser verdadero.

- Haz de la independencia tu objetivo en todo: la manera en la que te sientes, las creencias que expresas, tu trabajo, tu lugar en la familia. Estas cosas son sólo tuyas. Aprécialas y valóralas.

- Deja que los demás te feliciten y muestren aprecio. Puede ser difícil recibir amor y elogios, pero reflejan tu valía interior.

- Involúcrate en un proyecto que realmente signifique algo para ti. La valía personal necesita expresarse y salir al mundo. Pensar en silencio lo increíble que podrías ser, o lo poco que importas, es una trampa del ego. Cuando te involucras en un proyecto significativo, le permites a tu valía interior expandirse y evolucionar.

- Ser modesto y humilde es una señal de una gran autoestima, cuando esos sentimientos provienen del ser verdadero.

- El principio guía es respetar a los demás como te respetarías a ti mismo. Ésta es la actitud natural del ser verdadero, porque el ser verdadero es igual en todos.

¿Qué no me funciona?

- Cualquier paso que te haga sentir pequeño o insignificante no está funcionando para ti.

- Juntarte con alguien que es fuerte y exitoso puede ser una buena experiencia, pero no te añade valor. La mayoría del tiempo sólo estarás tratando de llenar un hueco en ti mismo. Cuando te alejes de esa persona, el hueco estará tan vacío como antes.

- Parecer más grande al hacer que los demás se vean pequeños no funciona. No convencerás a nadie y tu comportamiento generará resentimiento. Hacer que el otro sea inferior a ti refleja tu propia inseguridad.

- La imagen que tienes de ti mismo no es igual a tu ser verdadero. Pulir tu propia imagen satisfará a la personalidad del ego, pero te mantendrá desconectado de tu ser verdadero. Por su misma naturaleza, la imagen que una persona tiene de sí misma es engañosa porque enmascara lo que hay detrás. El ego piensa que se hace un bien a sí mismo al esconder aquello que lo avergüenza y no quiere que el público vea. La mayor pérdida es que la propia imagen oculta al ser verdadero, el cual puede curar cualquier debilidad o herida.

- Tratar de darte importancia a los ojos de los demás no funciona. Ellos tendrán siempre sus propias opiniones respecto a ti, sean justas o injustas. Deja que los demás te engrandezcan o no. Ése no es tu trabajo.

¿Cuál es mi siguiente paso?

- Prioridad: hacer más de lo que estás haciendo bien. Hacer menos de lo que no está funcionando para ti.

- De alguna manera que te sea sencilla, sé discreto y modesto. Al nivel del ser verdadero, la conciencia pura te ha hecho lo que eres, no tu ego.

- Ser lo mejor que puedes ser es más importante que hacer lo mejor que puedes hacer. Es deseable que des tu mejor esfuerzo, por supuesto, pero tu ser, o sea, tu estado de conciencia, determina tu valía más allá de cualquier cosa que puedas realizar.

- Muéstrate agradecido con la fuente de cada regalo que te ha sido dado. El ego nunca ha creado las cosas que más valoramos en la vida.
- Si te encuentras repitiendo demasiado a menudo la palabra "Yo", entra en el modo meditativo y reconecta con quien realmente eres. Tu verdadera naturaleza es altruista.

Tu entendimiento el día de hoy:

_____

_____

_____

_____

DÍA 5: CREATIVIDAD Y DESCUBRIMIENTO
TU META: hacer de tu vida un camino de descubrimiento

Los entendimientos del día:

Mientras alimentes tu curiosidad, nunca envejecerás.

La renovación es el secreto eterno de la vida.

Todo a lo que le pongas atención puede revelarte un misterio.

Cuando exploras el mundo, realmente estás explorándote a ti mismo.

Cada nuevo descubrimiento es también la búsqueda de uno mismo.

La naturaleza misma de la conciencia es creativa y curiosa.

Llevar una vida creativa, fascinarse con el cambio.

Cada momento te lleva al umbral de un nuevo descubrimiento.

Se te otorgó una vida creativa desde el momento de tu nacimiento. Esta asignación proviene de la conciencia, la cual posee una naturaleza que anhela saber y comprender. Ésta es la razón por la que los niños se fascinan con el mundo. Están inmersos en la maravilla de conocer nuevas cosas. La vida nunca se queda sin cosas nuevas que mostrarnos. Todo a lo que le pongas atención puede revelarte algo que no sabías. Pero si dejas de poner atención, la maravilla desaparece y la vida se convierte en predecible y rutinaria.

¿Tienes miedo al cambio o te genera fascinación? Aquellos que se resisten al cambio, tienen miedo, ya sea en secreto o abiertamente. Son forzados a fingir que la seguridad reside en hacer que su vida sea tan rutinaria y predecible como sea posible. La estrategia se derrumba frente a la realidad porque la vida no es otra cosa que cambio. Cada día es un nuevo mundo. Ya sea que despiertes frente a este hecho y lo asumas o, por el contrario, te sentencies a ti mismo a una conciencia constreñida, un aburrimiento creciente y te canses cada vez más de tu propia vida.

Tu ser verdadero ve la vida como un camino de descubrimiento. Quiere explorar todas las posibilidades que hacen que cada día sea nuevo. No hay ningún secreto detrás de esto, tu ser verdadero está simplemente expresando la curiosidad y la capacidad de maravillarse con las que naciste. Estar despierto es un estado impredecible. Tiene que serlo, ya que la conciencia busca canales creativos en cada momento.

Deseamos con afán ver las noticias que nos dan todos los días y a todas horas por la televisión y las redes sociales. No podemos esperar a escuchar lo que les pasa a los demás, sin embargo, no sintonizamos las noticias de lo que nos sucede. La personalidad del ego teme ver hacia lo más profundo del interior, ansioso de lo que puede descubrir. Para evitar un autodescubrimiento verdadero, el ego te cuenta una historia basada en el pasado. "Yo" se construye de viejas memorias. Cuando te levantas de la cama para repetir la misma historia que viviste ayer, estás, tal como dice el dicho, poniendo vino viejo en botellas nuevas.

Para renovarte verdaderamente, el lugar para empezar es el modo meditativo. Cuando te conectas con tu ser verdadero, todo lo que percibes se siente fresco y nuevo. El ser verdadero vive en el momento presente, que es el único lugar donde los descubrimientos pueden hacerse. El eterno ahora es el eterno tú. Ése es el descubrimiento más importante que alguien puede hacer.

Las tres preguntas que importan

Hoy puedes renovarte reflexionando sobre las tres preguntas que importan. Quizá será más eficaz si simplemente eliges una pregunta. Permite que tu atención se centre en los asuntos que te llaman de manera personal.

¿Qué estoy haciendo bien?

- Cualquier paso que le haga caso a tu curiosidad está bien. Al entrar en modo meditativo, renuevas tu mente en silencio. Sólo una mente renovada puede tener percepciones frescas; así es como comienzan todos los descubrimientos.

- Ábrete a los demás, sin ideas preconcebidas o juicios. Una vez que abres tu conciencia, los otros son tan fascinantes como lo eres tú para ti mismo.

- Habitúate a poner atención. La vida sólo es aburrida si dejas de estar atento a lo novedoso de cada momento.

- Céntrate en ti mismo cada instante, esperando el nuevo y sorpresivo descubrimiento. En virtud de que el silencio interior está despierto, está siempre consciente de que algo nuevo se encuentra a la vuelta de la esquina.

- Cuando descubres algo realmente significativo, se siente muy personal. Te estás mirando reflejado en el mundo "de allá afuera". Al final, lo que más nos gusta es encontrar algo nuevo en nosotros mismos. Cuando algo te sorprende de pronto, o te genera gozo o fascinación, estás sacando a la luz esas cualidades del ser verdadero.

- Es más importante explorarte a ti mismo que al mundo. Cada valor verdadero en la vida —verdad, belleza, significado, propósito, amor, compasión o cualquier otro valor espiritual— te aguarda en tu ser verdadero. Estar cada vez más en contacto con estos valores en tu ser verdadero es tu meta cuando te embarcas en un camino de autodescubrimiento.

¿Qué no me funciona?

- Cualquier paso que te haga sentir que la vida es aburrida, rutinaria y predecible no está funcionando para ti.

- Dar a los demás por sentado no funciona. Les estás negando la capacidad de renovarse, que es justo lo que quieres para ti.

- Si nada te interesa ni te emociona realmente, estás experimentando la vida al nivel de la personalidad del ego. Has caído en la rutina, porque mantener las cosas tal como están es el principal mecanismo de defensa del ego. Una vida predecible da al "Yo" la falsa sensación de estar en control. En realidad, el ego ha optado por una existencia limitada.

- Al final, resistir el cambio no funcionará. Tan sólo estás apuntalando la inseguridad y el miedo del ego. La realidad está en el proceso de cambio permanente. Una vez que aceptes este hecho, puedes empezar a asumir el cambio sin ansiedad. Si te resistes frente a este hecho, el asunto no dejará de producirte ansiedad.

- Rendirte frente a las personas que no desean que cambies no está funcionando. Quizá alguien quiera que permanezcas dentro de una caja, pero la única persona que puede encajonarte eres tú mismo. Sabes que estás encajonado cuando te has cansado de ti. Te aburres contigo mismo cuando quieres seguir la corriente, encajar, tener la aprobación de los demás y someterte a los convencionalismos sociales.

¿Cuál es mi siguiente paso?

- Prioridad: hacer más de lo que estás haciendo bien. Hacer menos de lo que no está funcionando para ti.
- De una manera que te sea fácil, sé más abierto a nuevas personas y experiencias.
- Encuentra algo nuevo en cada relación. El interés renovado no sucede porque la otra persona cambie. Sucede porque empiezas a poner atención.
- Evita la tendencia a repetirte. Las mismas viejas ideas, las mismas viejas actitudes y las mismas viejas elecciones son síntomas de lo mismo: estar dormido.
- Date tiempo para disfrutar de la luz de la vida. La vemos en los niños, el arte, la música, las maravillas de la naturaleza, la luz de la conciencia pura y la ligereza de ser.

Tu entendimiento el día de hoy:

_____

_____

_____

_____

_____

DÍA 6: PROPÓSITO SUPERIOR Y ESPIRITUALIDAD

TU META: irradiar tus preciados valores espirituales

Los entendimientos del día:

El propósito superior de todos es despertar por completo.

La conciencia superior y la espiritualidad son lo mismo.

Vivir escindidos es una ilusión de la que puedes despertar.

Tu conexión con la conciencia pura está siempre presente.

Tu ser verdadero irradia presencia divina.

Tu propósito superior depende de quién eres, no de lo que haces.

Tu ser es infinitamente valioso.

Cada logro espiritual se encuentra en tu ser verdadero, a la espera de ser despertado.

Tu ser verdadero irradia cada valor espiritual que anhelas experimentar. Cuando despiertas, esparces sin esfuerzo los mismos valores de amor, compasión, misericordia, empatía y perdón. Has podido ver por algunos instantes estos valores dentro de ti. Al practicar la meditación total, expandes estos destellos, haciéndolos más frecuentes y profundos.

En la vida moderna, muchas personas se enfrentan a un frustrante dilema: añoran la espiritualidad, pero se sienten bloqueadas para llevar una vida espiritual. En la medida en que la religión organizada se ha vuelto menos satisfactoria, la espiritualidad se ha convertido en una empresa solitaria, llenando a los individuos de grandes esperanzas, pero también de incertidumbre sobre el camino interior. Además, las demandas y complejidades de la ocupada vida de todos hacen difícil darle tiempo a "ser espiritual".

La respuesta a este dilema es permanecer en tu centro espiritual todo el tiempo, un estado de conciencia que se despliega a través de la meditación total. No hay separación real entre lo mundano y lo espiritual, a pesar de que los siglos de religión organizada nos habituaron a respetar tal división, y llegar tan lejos como para considerar la existencia mundana como contraria a Dios y a la práctica religiosa. Sin embargo, todo sucede en la conciencia. No tienes una conciencia para tener una familia, ir al trabajo e ir de compras, y otra para rezar y ser devoto. El ser verdadero expresa los más preciados valores humanos. Visto desde la perspectiva del ser verdadero, el amor es amor, la devoción es devoción.

Al verlos de esta manera, los valores espirituales que las personas anhelan experimentar están entretejidos ininterrumpidamente en la vida cotidiana y se accede a ellos despertando. *Cuanto más despierto estés, podrás irradiar más espíritu. El ser verdadero brillará a través de todo lo que hagas, porque hacer no es lo importante. Lo importante es ser.* Quien eres tiene más valor espiritual que incluso los pensamientos y hazañas más reverentes. Presencia es lo que te da tu ser verdadero. La podemos llamar presencia divina, pero yo la considero la presencia del Ser puro. Dios y el Ser puro son ambos absolutos, infinitos, omniscientes y omnipotentes, son simplemente distintos nombres para la fuente de la creación.

Cuanto más cerca te encuentres de tu fuente, más cerca estarás de la fuente de la creación. Ambas son lo mismo. Este hecho le otorga infinito valor a tu existencia. Compartes el ser verdadero con santos y sabios consagrados. Una vez que aceptes esta verdad, el camino espiritual no será lejano o frustrante. Cada destello de tu ser verdadero te dirá quién eres en realidad, y el camino para descubrirlo no tiene que ser difícil.

Las tres preguntas que importan

Hoy puedes vivir desde tu centro espiritual y reflexionar sobre las tres preguntas que importan. Quizá será más eficaz si sólo eliges una pregunta. Permite que tu atención se centre en los asuntos que te llaman de manera personal.

¿Qué estoy haciendo bien?

- Cualquier paso que te haga sentir una presencia espiritual en ti mismo está bien. Al entrar en modo meditativo abres las vías para que irradien uno o todos los valores espirituales.

- Está bien aceptar que cada persona comparte un ser verdadero, lo cual significa que nadie carece del potencial para expresar los valores superiores del amor, la compasión y el perdón. Los destellos del despertar se envían a todos, incluso si algunos no lo valoran tanto como deberían.

- Habitúate a notar y apreciar cualquier destello de tu ser verdadero. Quizá incluso puedas hacer una pausa para decirte: "Éste es quien realmente soy".

- Está bien no definir a los demás por su comportamiento, humor, hábitos y debilidades. Todos sufrimos de una desconexión con el ser verdadero. Agradece que estás sanando tu desconexión sin juzgar a los demás por la suya.

- Actúa desde tu corazón tanto como puedas. Es la manera más segura de reconectarte con tu ser verdadero. El corazón sana heridas y motiva la aceptación, que es algo que todos necesitamos.

¿Qué no me funciona?

- Cualquier paso que te haga sentir aislado, solo e insignificante no está funcionando para ti.

- Tratar de ser espiritual no funciona. No es un sustituto del ser verdadero, el cual es espiritual por naturaleza y sin esfuerzo.
- Hacer que alguien más se sienta indigno no funciona. Estás negando que esa persona tenga un ser verdadero. Sé paciente e indulgente siempre que puedas. Esto se facilita si recuerdas que tú tampoco estás en perfecta conexión con tu ser verdadero. Todos estamos listos para sanar.
- No funciona alabar a un Dios si es despiadado, vengativo e implacable. Dios debe ser un modelo para la humanidad, y este mundo sería un infierno sin la gracia y misericordia.
- Si pierdes la fe en lo que realmente importa, sientes una desconexión de tu ser verdadero. Tu valía es infinita y, para sentirla, sólo necesitas conectarte con esta verdad. Mantener la fe en tu valía espiritual es una de las mejores maneras de emplear la fe.

¿Cuál es mi siguiente paso?

- Prioridad: hacer más de lo que estás haciendo bien. Hacer menos de lo que no está funcionando para ti.
- Defínete a partir de lo mejor que haya en ti. Rechaza los pensamientos denigrantes. Funciona dirigirte a esos pensamientos diciendo: "No te necesito. Esto no es lo que realmente soy".
- La humildad es una cualidad espiritual, pero la autodenigración, no. Es una señal de que estás haciendo juicios en contra tuya. Asegúrate de no participar de bromas o comentarios que te empequeñezcan o te resten valía. Estás por encima de la aprobación o las críticas de los demás.
- De una manera que te sea fácil, haz que otros se sientan tan valorados como te valoras a ti mismo.

Tu entendimiento el día de hoy:

_____

_____

_____

_____

DÍA 7: TOTALIDAD Y UNIDAD
TU META: existir en total libertad y dicha

Los entendimientos del día:

Tu ser verdadero nunca nació y jamás muere.

Al ser eterno, eres una totalidad. Al ser ilimitado, eres una unidad.

Estar aquí y ahora es suficiente. No hay nada más que buscar una vez que te das cuenta de esto.

La conciencia pura está completa, y tú eres conciencia pura.

Más allá de la luz y la oscuridad, el bien y el mal, todos los opuestos se diluyen. Entonces, tu existencia es dicha pura.

En la totalidad, eres libre, porque no hay nada que se oponga a ti y nada a lo que oponerte.

Hay muchas cosas por las que puedes esforzarte, y la vida está llena de todo tipo de logros. Una de las cosas por las que no debes esforzarte es la totalidad. Eres o no eres una totalidad. La totalidad no se mide por algo que hayas hecho o puedas hacer. Es algo de lo que te das cuenta. Es como ver un espejo espiritual y mirar cómo se refleja la verdad.

Hasta que estés completamente despierto, la totalidad es difícil de concebir. Todos estamos entrenados para vivir escindidos. Dividimos nuestras experiencias en pares de opuestos como bien y mal, "tú" y "yo", y todo tipo de cosas que nos gustan y disgustan. La actividad constante de aceptar X y rechazar Y ocupa sin cesar la personalidad del ego. Parecería no haber opción excepto la de definir el "Yo" como un revoltijo de todas las cosas que aceptamos y rechazamos. Mientras te identifiques con la personalidad de ego, no hay duda de que anclarás tu identidad de esta manera.

Hay una alternativa, sin embargo, que puede ser descrita simplemente como "todo está bien". En esas tres palabras se esconde la libertad. Si todo está bien, puede haber un fin a la lucha, la resistencia, el miedo y la limitación. Esas cosas existen sólo porque la personalidad del ego considera que algunas *no* están bien. Es imposible que todo esté bien si te identificas con el "Yo", y dado que todos nosotros nos identificamos con el "Yo", alcanzar un punto de vista distinto es casi imposible o, al menos, confuso.

"Todo está bien" es el estado natural de un cuerpo sano. Cada célula se coordina con las demás. Todos los procesos internos se vinculan como una unidad. ¿Por qué es tan difícil trasladar esta totalidad al resto de nuestra vida? La respuesta no es culpar a la naturaleza humana por la lamentable condición del mundo. Ambas reflejan el estado de conciencia que se enfoca únicamente en la separación. El mundo es impulsado por el antagonismo de los opuestos, porque nosotros nos enfrentamos a nuestra propia vida de esta manera.

Me doy cuenta de que el lector podrá reaccionar instintivamente en contra de "todo está bien", porque estamos condicionados a navegar a través del estado de escisión. Vemos cosas malas y queremos corregirlas. Vemos cosas buenas y queremos impulsarlas. Parecería que ésta es la manera correcta de vivir, pero el objetivo de despertar es diferente y requiere un cambio interno.

La totalidad le es tan natural a la mente como al cuerpo, porque el cuerpomente es una sola cosa. Cuando cualquiera de los aspectos del cuerpomente se desbalancea, regresa al equilibrio por sí mismo. Volver a la totalidad toma tiempo porque algunos desbalances se atoran, pero el proceso para regresar a la totalidad está siempre con nosotros. Nada puede hacer que el desbalance empeore o sea permanente, excepto la personalidad del ego.

Los sellos distintivos de la totalidad están presentes en ti, ahora. Puedes apreciar la totalidad en momentos de libertad, calma, serenidad y dicha. La dicha sobresale de manera particular, porque las otras señales son pasivas. La quietud y la calma son ausencia de alteración. La dicha es una experiencia vibrante. Su gozo y éxtasis son inconfundibles. Por mucho que estemos agradecidos cuando recibimos una experiencia de dicha, el objetivo verdadero es la felicidad permanente e invariable. Tu ser verdadero lo percibe desde ahora, y en la medida en la que despiertas, te fundirás con tu ser verdadero y sentirás que esa dicha es constante y nunca te será arrebatada.

Las tres preguntas que importan

Hoy puedes vivir desde tu dicha, reflexionando sobre las tres preguntas que importan. Quizá será más eficaz si simplemente eliges una pregunta. Permite que tu atención se centre en los asuntos que te llaman de manera personal.

¿Qué estoy haciendo bien?

- Cualquier paso que te haga sentir dichoso está bien. Entrar en el modo meditativo hace que sea posible a voluntad. Puedes inducir la dicha sentándote con tranquilidad y recordando momentos del pasado que te deleitaron y te dieron gozo. Estás suscitando lo que los psicólogos llaman "felicidad no provocada", y que significa que tú, y no el mundo exterior, estás haciendo que esta dicha suceda. Sin que te des cuenta, esto siempre ha sido cierto. La dicha ocurre en la conciencia y en ningún otro lado.

- Para ser dichoso, no debes tener conflicto interior. Éste toma la forma de la duda en uno mismo, de los sentimientos encontrados, de la oposición frente a los demás o sentir resistencia de su parte y de albergar viejos agravios. Ten cuidado cuando aparezca cualquiera de estas señales, y procura que se vaya. No te obsesiones con ella. No alimentes ningún resentimiento que puedas tener.

- Habitúate a ser incluyente. La totalidad no pone barreras ni rechaza, y tu ser verdadero, tampoco.

- Inventa tu propia manera de "seguir tu dicha". El camino hacia la totalidad está en esa dirección. Date tiempo todos los días, de preferencia varias veces al día, para renovar tu sensación de dicha.

¿Qué no me funciona?

- Cualquier paso que te provoque un conflicto interior no está funcionando para ti.

- Nosotros contra ellos es una manera de pensar que incita al conflicto.

- Estarás rodeado de conflictos si crees que eres tú contra el mundo.

- Creer que la felicidad es para los demás no funciona. La felicidad es el resultado natural de sentir "yo estoy bien". La raíz de tu propia infelicidad reside en la manera en la que te juzgas.

- Aceptar las amarguras junto con las dulzuras de la vida por lo general es una señal de que esperas que la vida sea amarga tan a menudo como es dulce. En tu ser verdadero no hay amargura, porque la amargura nace de la culpa y el resentimiento pasados. Siempre que te enfrentes a dificultades, debes tener en mente que la verdadera naturaleza de la conciencia es la dicha. Una manzana podrida no es razón para tirar toda la cosecha.

¿Cuál es mi siguiente paso?

- Prioridad: hacer más de lo que estás haciendo bien. Hacer menos de lo que no está funcionando para ti.
- Determina tu meta lo más alto posible, lo cual es dicha y libertad. Celebra cada vez que te liberes de una limitación autoimpuesta.
- Haz lo posible por no pensar en las situaciones como algo entre perdedores y ganadores, nosotros contra ellos y otras formas de división. Todas las divisiones se generan dentro de ti y se abolen dentro de ti.
- Sumérgete en el mundo de la literatura inspiradora que expresa éxtasis y libertad. Nada es tan poderoso para incrementar tu propia dicha cada vez que así lo desees.

Tu entendimiento el día de hoy:

_____

_____

_____

_____

VIBRA EL SILENCIO
52 mantras

Esta sección del libro contiene 52 mantras que puedes usar a manera de curso anual en meditación mántrica, o puedes elegir uno a la vez para enriquecer de manera espontánea tu vida interior. Para empezar, analicemos, antes que nada, el valor de un mantra.

¿Cuál es la mejor manera de usar el silencio? Esta pregunta surgió hace miles de años cuando se descubrió que existe la mente en silencio. Como mencioné antes, el silencio es o útil o inútil. Por sí mismo, no tiene ningún valor especial. La mente tan sólo ha detenido su incesante actividad. Pero una vez que el silencio fue descubierto en algún momento de la historia antigua, un segundo descubrimiento tuvo lugar: el silencio es más que inmovilidad. Es un estado de conciencia elevado, y en este estado tenemos oportunidades creativas únicas.

En efecto, puedes crear lo que sea a partir de esa "cosa" invisible que es el silencio. Ya has estado usando esta habilidad al crear toda una vida de pensamientos y sentimientos. Todas las ideas, ya sean triviales o determinantes, surgen del silencio. Por supuesto, uno desea que surjan las mejores. Cuanto más creativos sean tus pensamientos y más ayuden a tu vida, mejor estarás.

Una ciencia sobre las vibraciones surgió en India (conocida en sánscrito como *shabda*), dedicada específicamente a enriquecer el silencio interior. El elemento central de esta ciencia es el mantra, una palabra usada en meditación por su valor vibracional. Aquí, la palabra *vibración* no es lo que pensamos cuando la vibración de un sonido alcanza nuestro oído. El término es mucho más cercano a la física cuántica, la cual reduce toda materia y energía a vibraciones u ondas en el campo cuántico. Antes de que un gato sea un gato, está hecho de átomos. Los átomos están hechos de partículas subatómicas, y esas partículas subatómicas se desvanecen en el campo cuántico como ondas invisibles o vibraciones.

A partir de lo anterior podemos ver que las vibraciones son creativas, y que ése es el propósito de un mantra: crear una cualidad en el silencio que trae consigo los valores de conciencia —amor, serenidad, compasión, empatía, creatividad y mucho más— a la conciencia de la persona. Al vibrar en silencio, los mantras enriquecen la vida interior de la persona, con muchas consecuencias en su vida exterior.

CÓMO USAR LOS MANTRAS

Cada mantra se da en dos formas: como un sonido mental en sánscrito para repetir en silencio y como una afirmación de lo que el efecto del mantra debe ser. Algunos mantras son tan simples como una sílaba, como *Om*, el cual es fácil de repetir en silencio, mientras otros pueden contener cinco o más sílabas. Si te parece que los más largos son difíciles de recordar, siéntete en libertad de usar sólo el lado afirmativo del mantra.

Dado que hay 52 mantras en total, puedes repasarlos sistemáticamente, usando uno por semana, durante todo el año. Pero algunas personas prefieren abrir los mantras al azar y decir el que aparezca primero.

Usar una mantra es muy simple.

1. Elije el mantra que quieres usar.
2. Cierra los ojos y medita con el mantra durante cinco a 10 minutos.
3. Observa la afirmación que va con el mantra y reflexiona sobre ella para alinearte con el efecto benéfico del mantra.

No necesitas cantar en tu interior el mantra para crear un ritmo. Sólo di el mantra si percibes que se ha ido. No trates de forzar tantas repeticiones como puedas, no es eficaz.

Todo el procedimiento debe relajarte y ser fácil. Sólo deja que el mantra sea como cualquier otra palabra que te venga a la mente, y permite que entre y salga con libertad de tu conciencia. Lo que sea que te haga sentir cómodo funciona. No hay una manera incorrecta de hacer meditaciones con mantras.

MÁS SOBRE LOS MANTRAS

Los mantras son los sonidos básicos del sánscrito, que contienen energía e intención para fomentar el crecimiento espiritual. Son una herramienta para despertar que apoya el proceso natural de la transformación espiritual. La inteligencia inherente de la conciencia pura está trabajando. Tal como has aprendido en este libro, tu mente, de manera natural, quiere ir hacia su origen en plena conciencia y en silencio. La meditación con mantras es una forma útil de aumentar el tiempo que le dedicas a estar en modo meditativo.

Seguro has escuchado de personas a quienes les dan un mantra para usarlo como propio. De hecho, hay miles de mantras distintos, pero estos mantras llamados semilla, o *bija*, son asignados de manera personal y son un buen lugar para empezar. *Bija* es la palabra en sánscrito para semilla y estos mantras son las vibraciones más básicas, o los sonidos primordiales de la conciencia pura. Existen y funcionan a nivel de la mente de forma más fundamental que pensar e incluso sentir.

Debido a que los sonidos primordiales son considerados las vibraciones básicas de la naturaleza, existentes desde antes que el lenguaje se desarrollara, los mantras semilla no representan nada en lo que podamos pensar: no tienen un significado claro. En cambio, son frecuencias fundamentales de conciencia asociadas a un sonido con el cual podemos meditar de una manera muy pura. Por esa razón empiezo con mantras semilla. Alinean nuestra vida con los impulsos de la creatividad y la inteligencia en la naturaleza.

Los mantras posteriores tienen aplicaciones más específicas que serán explicadas para cada uno. La meditación mántrica ha acumulado la investigación más vasta y con más alcance de todas las prácticas de meditación. Ha establecido reducción de ansiedad, la presión sanguínea baja, manejo del estrés de manera efectiva y otros beneficios para el cuerpomente. Por lo tanto te invito a experimentar con estos mantras, que son prometedores dentro del vasto mundo de la meditación total.

1. OM

La conciencia pura es la fuente de la creación.

Este mantra semilla no tiene significado específico. Está asociado con una existencia total, expresada como la vibración primera *Om.* Éste es el sonido o vibración de la conciencia a través del cual se generan todos los procesos de la creación.

2. HRIM

Soy verdad y alegría.

El sonido de este mantra semilla es la energía de la conciencia asociada con el corazón espiritual de la persona. Irradia una luz de verdad, fuerza, amor, expansividad y felicidad.

3. KLIM

Soy el poder del amor y la realización.

El sonido de este mantra semilla es el flujo de la conciencia, siempre creadora, fortalecedora, renovadora, revitalizadora, atrayente y encantadora. Podemos llamarla la energía que satisface los más profundos deseos del corazón, no sólo de amor, sino también el deseo de la satisfacción última de despertar.

4. SHRIM

Soy belleza, abundancia y alegría.

El sonido de este mantra semilla es la energía de la conciencia pura que expresa la cualidad de la abundancia, fortalece la generosidad, la devoción, el gozo, la belleza y el placer. Es una dulce energía que promueve el valor del cuidado y el cariño en la conciencia humana.

5. HUM

Soy el poder de la transformación.

El sonido de este mantra semilla expresa el poder transformador de la conciencia. Se visualiza como un fuego espiritual que ilumina y determina lo que es verdadero y duradero mientras que purifica y retira lo que es falso, negativo y transitorio.

6. KRIM

Soy la fuerza de la evolución.

El sonido de este mantra semilla expresa el poder organizador de la conciencia. Es la energía que mantiene operando cada célula y hace que el pensamiento sea ordenado. La misma energía une la mente y el cuerpo en una totalidad que crece y evoluciona.

7. GAM

Soy totalidad y armonía.

El sonido de este mantra semilla expande la conciencia como una nueva manera de resolver obstáculos y obtener éxito. En donde hay impedimentos, este mantra abre la conciencia al nivel de la solución, al nivel del ser verdadero.

8. AIM

Soy creatividad e inspiración.

El sonido de este mantra semilla despierta la conciencia y con ello trae éxito en el entendimiento espiritual, la introspección y la inspiración creativa. Es especialmente útil para aquellos involucrados en la enseñanza, el aprendizaje, la investigación, el arte y la música.

9. DUM

No tengo miedo y soy fuerte.

El sonido de este mantra semilla impulsa la energía de la protección maternal, el estímulo, la fuerza y el empoderamiento. Representa el ser verdadero que resuelve las dificultades y supera la resistencia.

10. HAUM

Soy conciencia abierta e ilimitada.

El sonido de este mantra semilla establece que tu naturaleza esencial no está condicionada, limitada o definida por ninguna experiencia, positiva o negativa. Tu ser verdadero permanece como un campo ilimitado de posibilidades en todo momento y bajo cualquier circunstancia.

11. AIM KLIM SAUH

Mi corazón es una totalidad y está completo.

Este mantra es una combinación de sonidos para darte cuenta de los deseos más profundos. Al renovar tu corazón, también resuelves cuestiones añejas de estrés, ansiedad, dolor y duelo.

12. HRIM SHRIM KLEEM

Soy sabiduría, amor y generosidad.

El sonido de este mantra activa la energía del corazón espiritual al satisfacer tus deseos más íntimos. Se basa en la cualidad de la conciencia pura que es omnisciente.

13. OM HAUM JUM SAH

Estoy lleno de la luz sanadora de sabiduría y verdad.

El sonido de este mantra trae sanación al cuerpomente, brindando alivio del dolor y el sufrimiento. Ayuda a remover las emociones negativas de duelo y desesperanza. Erradica el miedo al cambio, al desarrollar conciencia de la invariabilidad del ser verdadero.

14. OM HRIM SHRIM DUM

Soy poderoso, sabio y no tengo miedo.

Este mantra reúne los sonidos que engendran los recursos interiores de fuerza, valentía, e inteligencia, para enfrentar cualquier reto que se nos presente en el camino.

15. LAM

Estoy decidido y seguro.

Lam es el primero de los seis mantras chakra, que se enfocan en los centros de energía, o chakras, visualizados a lo largo de la columna vertebral. Su sonido semilla aviva el primer chakra, en la base de la columna, lo cual nos conecta con la fuente de la estabilidad y la seguridad en la vida. Nos fija con firmeza a la tierra, lo cual representa la existencia física.

16. VAM

Estoy completo y conforme.

El sonido de este mantra semilla aviva el segundo chakra, localizado en el área pélvica. El segundo chakra es el centro de energía asociado a la creatividad, la sexualidad, el deseo y el placer.

17. RAM

Tengo confianza y fuerza.

Este mantra es el sonido semilla para el tercer chakra, ubicado en la región del plexo solar. Nos conecta con nuestra fuente de fuerza y crecimiento personal. Adquieres confianza y seguridad en ti mismo, al nivel del ser verdadero.

18. YAM

Soy amor y alegría.

Este mantra es el sonido semilla para reavivar el cuarto chakra o el del corazón, el espacio de los sentimientos y las emociones. Cuando puedes vivir en el presente, el chakra del corazón se abre a las experiencias de amor y alegría.

19. HAM

Soy la expresión de la verdad.

Este mantra es el sonido semilla para reavivar el quinto chakra o el de la garganta, el cual es el centro del habla y la expresión personal.

Cuando este chakra está abierto, la verdad encuentra su expresión más clara y completa en lo que sea que digas y pienses. Estás conectado a la verdad central de tu ser verdadero.

20. KSHAM

Soy la luz del saber puro.

Este mantra reaviva el sexto chakra, localizado en el entrecejo. Su sonido semilla te conecta con el saber infinito de la conciencia pura. Cuando este centro de energía se activa, tus pensamientos, sentimientos y acciones son guiados desde dentro, en un fluir sin esfuerzo.

21. PRAJNANAM BRAHMAN

La conciencia es la totalidad de la vida.

Este mantra más largo tiene un significado. Es considerado una de las grandes verdades de la existencia. En este caso, la gran verdad consiste en que todo es conciencia. En sánscrito, "todo" es Brahman, el Uno y el Todo. Brahman es la realidad última. Es tu fuente y la fuente de la creación como un campo de conciencia pura.

(Si te parece difícil pronunciar los mantras más largos, usa la idea central para la meditación.)

22. AYAM ATMA BRAHMAN

Mi naturaleza esencial es Brahman.

Este mantra declara que el alma de cada persona está unida a la creación, o al Brahman. Tu alma, o Atman, es la parte más íntima de tu espiritualidad. Hay una enorme colección de personas escindidas en el mundo, pero cada alma es una expresión de totalidad. Esto les da a todos el mismo valor espiritual, el cual es infinito.

(Si te parece difícil pronunciar los mantras más largos, usa la idea central para la meditación.)

23. TAT TVAM ASI

Veo conciencia pura en todos y en todo.

Este mantra significa "Eres Aquello", donde *Aquello* se refiere a nuestra esencia espiritual. Llámala ser verdadero, conciencia pura, o ser, pero todos compartimos la misma esencia. El sonido de este mantra reaviva tu capacidad de ver el ser y la esencia de todos por igual. Con esto logras la completa ausencia de juicio, y al mismo tiempo ves una dicha ilimitada en todos, al nivel del ser verdadero.

24. AHAM BRAHMASMI

Soy Brahman.

Este mantra significa que el "Yo" (tu ser verdadero) acepta todo en la creación, o Brahman. Con esta declaración afirmas tu totalidad espiritual. Disfrutas la luz de la conciencia pura, la cual es tu esencia.

25. EKAM EVA DVITIYAM BRAHMAN

Brahman es unidad, sin separación.

Este mantra significa literalmente que Brahman es la realidad única, sin nada secundario. Por lo tanto, tú también eres una sola realidad. No importa qué tan separado, solo o aislado te sientas, la totalidad nunca te ha perdido de vista. La conciencia pura te espera para apoyarte en todo. Nada tiene mayor poder que la conciencia pura.

(Si te parece difícil pronunciar los mantras más largos, usa la idea central para la meditación.)

26. SO HAM

Yo soy.

Este mantra es tan simple que es difícil ver su significado real. "Yo soy" significa que tu ser verdadero existe. Nunca ha sido inexistente. Nunca cesará de existir. Entonces, cuando afirmas "Yo soy", estás expresando nada menos que tu ser inmortal y eterno.

27. SARVAM KHALVIDAM BRAHMAN

La verdad de todo es Brahman.

Este mantra enfatiza que todo cuanto experimentamos, sentimos y pensamos es la actividad de la conciencia pura. Ésta es nuestra conexión eterna. Desde el punto de vista de tu ser verdadero, la diversidad de la creación no puede esconder el hecho de que todo (Brahman) proviene de la misma fuente. La conciencia pura es la matriz de la creación.

(Si te parece difícil pronunciar los mantras más largos, usa la idea central para la meditación.)

28. SAT CHIT EKAM BRAHMAN

La realidad es una totalidad.

Este mantra afirma que la realidad es total. No está separada en experiencias internas y externas. Ten la seguridad de que no estás separado o pasas desapercibido. Eres parte de la totalidad, y tu vida está entretejida en la tela de la existencia eterna.

(Si te parece difícil pronunciar los mantras más largos, usa la idea central para la meditación.)

29. OM TAT SAT

La conciencia acoge la verdad eterna.

Este mantra afirma la Verdad con V mayúscula. Para encontrar esta Verdad, sólo tienes que estar consciente. Tu ser verdadero, al estar completamente despierto, conoce la verdad. Debido a que existes aquí y ahora, eres el vehículo de la verdad eterna. Tu vida ratifica la verdad, y en la medida en la que despiertas, tu verdad se fortalece y se hace más poderosa.

30. SATYAM SHIVAM SUNDARAM

La existencia pura es benevolente y bella.

Este mantra afirma que la conciencia es la fuente de todo lo bueno, lo verdadero y lo bello. Estos preciados valores son regalos de tu ser. Tu ser verdadero ve tu vida como un fluir de belleza y verdad. Al estar despierto, te mantienes en este fluir todo el tiempo.

(Si te parece difícil pronunciar los mantras más largos, usa la idea central para la meditación.)

31. OM GAM GANESHAYA NAMAH

Invito a la inteligencia infinita de la naturaleza.

Este mantra pide ayuda a la naturaleza. La naturaleza abunda en la inteligencia creativa de la conciencia pura. Tu ser verdadero fue creado para expresar cada uno de los regalos que la naturaleza tiene que ofrecer. Aquí, el regalo es la inteligencia, la cual sabe todo y puede resolver cualquier cosa.

(Si te parece difícil pronunciar los mantras más largos, usa la idea central para la meditación.)

32. OM SHARAVANA BHAVAYA

Invito a la luz de la transformación.

Estás rodeado por transformación y cambio, y este mantra invita a la transformación personal. En la brecha entre el ego y el ser verdadero emergen las tendencias negativas. La conciencia pura puede transformarlas completamente. Este mantra invoca el poder de la conciencia para lograr todos y cada uno de los cambios.

(Si te parece difícil pronunciar los mantras más largos, usa la idea central para la meditación.)

33. OM DUM DURGAYEI NAMAH

Invito al poder protector y nutritivo de mi ser verdadero.

Este mantra trata sobre sentirse seguro y a salvo internamente. Por su naturaleza, el ego es totalmente diferente al ser verdadero. El ego se siente inseguro, en peligro y a la defensiva. En contraste, el ser verdadero existe en total seguridad, y te brinda su cuidado y su seguridad. Por sí solo puede hacerte sentir en total seguridad y a salvo.

(Si te parece difícil pronunciar los mantras más largos, usa la idea central para la meditación.)

34. OM TARE TUTTARE TURE SWAHA

Invito al apoyo de todo lo que es necesario para mí.

Este mantra es sobre satisfacer tus necesidades con el amoroso apoyo de tu ser verdadero. En donde el ego batalla para satisfacer la mescolanza de necesidades, deseos, anhelos y fantasías, tu ser verdadero sabe lo que necesitas para prosperar y crecer.

(Si te parece difícil pronunciar los mantras más largos, usa la idea central para la meditación.)

35. OM SAT CHIT ANANDA

Invito a la conciencia de la dicha eterna.

Este mantra afirma que tu existencia es la conciencia de dicha ilimitada. Cualquier experiencia feliz es breve destello de esa dicha. Ninguna felicidad es posible sin ella. En la medida en la que despiertas, la dicha emerge por el simple hecho de que estés consciente. De esta manera surgen tres cosas que nunca pueden perecer: la eternidad, la conciencia y la dicha.

(Si te parece difícil pronunciar los mantras más largos, usa la idea central para la meditación.)

36. OM RAM RAMAYA SWAHA

Invito al poder sanador de la naturaleza.

Este mantra activa el poder sanador de la conciencia. La respuesta curativa es parte del diseño del cuerpo humano, y en la meditación extendemos este poder a la mente. La curación es parte del diseño de la naturaleza. Aquí, tú la invitas a darte sanación física, mental y emocional.

(Si te parece difícil pronunciar los mantras más largos, usa la idea central para la meditación.)

37. OM NAMO NARAYANAYA

Invito al balance y la totalidad.

Este mantra te alinea con el poder de la naturaleza para balancear la mente y el cuerpo. Regresas a tu estado natural de equilibrio permanente, aunque algunas experiencias pueden desbalancearte y no dejarte salir de ahí. Este mantra invita a la conciencia a encontrar estos desequilibrios y a corregirlos, sean los que sean.

(Si te parece difícil pronunciar los mantras más largos, usa la idea central para la meditación.)

38. OM ARKAYA NAMAH

Invito al empoderamiento personal.

Este mantra alinea tu conciencia con el poder infinito de la conciencia pura. Al ser un todo, la conciencia pura no tiene nada con lo que

pelear o de lo cual protegerse. Su poder es absoluto. Con este mantra invitas al poder y la fuerza que sólo la totalidad puede otorgarte.
(Si te parece difícil pronunciar los mantras más largos, usa la idea central para la meditación.)

39. OM MANGALAYA NAMAH

Invito a la energía y la pasión.

La naturaleza es infinitamente dinámica y está colmada de energía. Este mantra invita la energía a tu vida para que puedas vivirla con pasión. La pasión es más que emoción. Expresa el dinamismo infinito de la conciencia pura que recorre tu cuerpo.
(Si te parece difícil pronunciar los mantras más largos, usa la idea central para la meditación.)

40. OM EIM SARASWATIYEI SWAHA

Invito a la sabiduría y la inspiración.

Este mantra activa tu sabiduría interior. La sabiduría es más que el conocimiento o una larga experiencia. Encarna la verdad, aplicada a situaciones cotidianas desde un lugar profundo de tu interior. Este lugar profundo es tu ser verdadero. Aquí lo invitas a otorgarte el beneficio de su sabiduría.
(Si te parece difícil pronunciar los mantras más largos, usa la idea central para la meditación.)

41. OM SHRIM MAHA LAKSHIMIYEI NAMAH

Invito a la abundancia y la prosperidad.

Este mantra es sobre la plenitud de la vida. La naturaleza es abundante en cosas buenas, y tu ser verdadero te conecta con la abundancia infinita de la conciencia pura. En tu ser verdadero no hay sensación de carencia. Con este mantra te alineas con ese punto de vista, superando cualquier sensación de carencia que puedas tener.

(Si te parece difícil pronunciar los mantras más largos, usa la idea central para la meditación.)

42. OM HRAUM MITRAYA NAMAH

Me conecto con toda la vida.

La veneración por la vida es un valor espiritual perenne. Este mantra invita a la energía que sostiene la vida en donde sea que surja. Estás entretejido con la tela de la vida, y los hilos son amorosos y te sujetan. De la misma manera que la conciencia pura te sustenta de manera amorosa, tú también puedes extender este apoyo en tu vida, a tu alrededor.

(Si te parece difícil pronunciar los mantras más largos, usa la idea central para la meditación.)

43. OM GAM GURUBHYO NAMAH

Invito a la luz espiritual en mi corazón.

Este mantra ilumina el camino hacia el despertar. Hay una gran claridad en tu ser. Cuando llevas esta luz en tu corazón, avanzas por el camino con alegría y optimismo. Y así, el caminar mismo te da satisfacción. No hay necesidad de esperar el resultado final, que es la lucidez total. Hay luz y vida en cada momento del despertar.

(Si te parece difícil pronunciar los mantras más largos, usa la idea central para la meditación.)

44. OM SHRIM SHRIYEI NAMAH

Abro mi conciencia a la realización total.

Este mantra invita a lograr la realización interior. El ego no puede darte satisfacción o guiarte hasta ella. Con este mantra, amplificas las cualidades de éxito, abundancia, belleza, amor y gracia, en cada aspecto de tu vida. Aprendes que la satisfacción total no es una meta lejana, sino la naturaleza misma de tu ser verdadero.

(Si te parece difícil pronunciar los mantras más largos, usa la idea central para la meditación.)

45. ARUL KARUNAI DAYA

Invito a la amorosa bondad y la empatía.

Este mantra crea un espacio de compasión y aceptación en tu corazón. En la medida en que la compasión crece en tu corazón, tu vida se vuelve más sencilla, más disfrutable y bendecida con la gracia de la bondad.

(Si te parece difícil pronunciar los mantras más largos, usa la idea central para la meditación.)

46. OM NAMAH SHIVAYA

Invito al silencio puro y la trascendencia.

La vida espiritual va más allá de la vida cotidiana, en la dirección del silencio puro, la paz y el ser. El ir más allá ha sido parte de todo camino espiritual. Lo que nos atrae y nos hace avanzar es la paz que sobrepasa todos los entendimientos existentes en lo más profundo de nuestro interior. Este mantra te ayuda a profundizar tu silencio interior para que la trascendencia se convierta en algo natural y sin esfuerzo.

47. SIDDHO HAM

Estoy despierto.

Este mantra afirma que la conciencia presente es siempre perfecta, abierta, total y tolerante. A tu ser nada le falta y de nada carece. Reivindica la verdad de que tú estás completo tal y como eres, en este momento. La verdad es lo que te da tu valía y tu lugar necesario en el universo.

48. NARASIMHA TAVADA SO HAM

Soy conciencia invencible.

Mi conciencia transforma toda negatividad en bondad superior. Este mantra activa ese aspecto de nuestra conciencia que puede trasmutar incluso los problemas más intratables en resoluciones, y en un desenlace útil y evolucionado.

(Si te parece difícil pronunciar los mantras más largos, usa la idea central para la meditación.)

49. SHRI DHANVANTRE NAMAH

Pido sanación para mis heridas pasadas.

Este mantra ayuda a curar las heridas y los traumas del pasado. Estas heridas son demasiado profundas para que el ego las alcance. Teme regresar al dolor del pasado. Pero el ser verdadero alivia sin dolor. No hay nada que probar o que pensar. El poder sanador de la conciencia trabaja en silencio con infinito cuidado.

(Si te parece difícil pronunciar los mantras más largos, usa la idea central para la meditación.)

50. SHIVO HAM

En mi naturaleza esencial, yo soy divino.

Este mantra significa "Yo soy divino", pero el "Yo" en cuestión no es el ego. Es tu ser verdadero, el cual está compuesto enteramente de espíritu. Al alinear lo divino en ti, te acercas más y más al nivel del ser eterno. Ahí te das cuenta de quién eres realmente, y entonces no hay separación entre lo mundano y lo divino.

51. AHAM PREMA

Soy amor.

Este mantra muestra otro aspecto de tu verdadera identidad: eres amor. Con esta noción, ya no tienes que perseguir el amor. Está en tu naturaleza misma. El amor que recibes de afuera es un reflejo de tu amor. Cuanto más consciente estés de que eres amor, más podrás ver el amor eterno expresado en todo.

52. OM SHANTI OM

Irradio paz.

Shanti es el sonido de la paz en todas sus facetas: paz mental, paz en el mundo y paz en la existencia misma. Este mantra tranquiliza el cuerpo emocional y alivia el corazón. Tiene el efecto de calmar cualquier sentimiento de agitación y conflicto. Repetir *Om Shanti Om* en la meditación es una afirmación silenciosa de que la paz universal es tu naturaleza esencial.

EPÍLOGO

La meditación maestra

Hay muchas maneras de describir el estado de despertar total. Una de ellas es disolverse como una gota en el océano infinito, o irradiar la luz de la vida. En todas las direcciones que mires, hay infinito. Éstas son descripciones inspiradoras, pero tienen un inconveniente fatal. Tratan de expresar lo inexpresable. Este libro se basó en la noción de que tu mente es capaz de entrar en meditación de manera natural. Creo que este punto tan sencillo se ha pasado por alto en otros libros de meditación, y me parece que es muy importante.

Es clave tener una visión de tu meta. Si no, no podrás alcanzarla. Si tu meta de meditación total es estar completamente despierto, aquí y ahora, de una vez por todas, ¿la podemos visualizar? Creo que podemos, a través de una meditación final. Es como la meditación maestra que incluye a las demás meditaciones. Con ella, no tendrás que desaparecer en el océano de la conciencia, sino todo lo contrario. Experimentas con más claridad que estás presente en todas partes, en este mismo minuto.

A diferencia de las meditaciones previas de este libro, la meditación maestra tiene más de un paso —hay siete, de hecho—, así que necesitarás entre cinco y 10 minutos para hacer la meditación completa.

LA MEDITACIÓN MAESTRA

PASO 1: "Estoy presente en todo lo que veo".

Siéntate tranquilamente con los ojos cerrados y concéntrate. Medita cinco minutos con el siguiente mantra: *Aham.*

Cuando te sientas en calma y tranquilo, abre los ojos, pero mantente en tu espacio interior. Deja que tus ojos se posen en tu alrededor sin enfocarte en ningún objeto en particular.

Di para tus adentros: "Estoy presente en todo lo que veo. Nada es visible sin mí".

PASO 2: "Estoy presente en todo lo que escucho".

Cierra los ojos y mantente concentrado. Ahora deja que los sonidos a tu alrededor lleguen a ti por un momento.

Di para tus adentros: "Estoy presente en todo lo que escucho. No hay nada que pueda ser escuchado sin mí".

PASO 3: "Estoy presente en todo lo que toco".

Con los ojos aún cerrados, permanece concentrado. Ahora deja que tus dedos toquen tu piel, ropa y cualquier objeto que esté cerca de la silla en la que estás sentado.

Di para tus adentros: "Estoy presente en todo lo que toco. No hay nada tangible sin mí".

PASO 4: "Estoy presente en todo lo que saboreo".

Con los ojos aún cerrados, permanece concentrado. Ahora saborea el interior de tu boca. Visualiza mentalmente un limón que es partido a la mitad con un cuchillo, chorreando gotas de jugo. Saborea la acidez del limón.

Di para tus adentros: "Estoy presente en todo lo que saboreo. Nada tiene sabor sin mí".

PASO 5: "Estoy presente en todo lo que huelo".

Con los ojos todavía cerrados, mantente concentrado. Ahora, suavemente inhala los aromas de tu alrededor; sin importar cuáles sean.

Di para tus adentros: "Estoy presente en todo lo que huelo. Nada tiene olor sin mí".

PASO 6: "Estoy presente en todo lo que pienso".

Con los ojos aún cerrados, mantente centrado. Ahora deja que tu mente vaya a donde quiera, por un momento, al azar, hacia cualquier sensación, imágenes, sonidos o pensamientos. No importa lo que sean.

Di para tus adentros: "Estoy presente en todo lo que pienso. No hay mente sin mí".

PASO 7: "Estoy presente en todas partes".

Con los ojos todavía cerrados, mantente centrado para el último paso. Dirige tu atención a la región de tu corazón. Observa las ondas invisibles que pulsan desde tu corazón hacia todas direcciones. Síguelas tan lejos como puedas, hasta que se diluyan. Por un momento, incrementa la expansión de las ondas. Puede ayudarte visualizar la tranquila superficie de un estanque. Una gota golpea la superficie, provocando olas que se extienden infinitamente, hasta que se aquietan y el estanque se queda inmóvil otra vez.

Di para tus adentros: "Estoy presente en todas partes. Nada puede ser sin mí".

Para terminar la meditación, posiciónate en la conciencia de tu ser, la cual es silenciosa, inmóvil, ilimitada y presente, como tu ser verdadero.

* * *

Una vez que hayas practicado esto algunas veces, la meditación maestra es sencilla, pero ¿qué significa? El significado cambiará dependiendo de tu estado de conciencia. La meta es la misma para todos: mostrarte quién eres realmente. Es bueno tener este ejercicio a la mano, porque cambiamos de identidad constantemente. No eres ya un bebé, un niño que empieza a caminar, un chico, un adolescente o un adulto joven. Esas etapas en la vida definieron tu ego en la medida en que tu historia personal se desarrollaba. Cada etapa era provisional; por lo tanto, el "Yo" era temporal, a pesar de que al ego le gusta fingir que es permanente y definir quién eres.

Al ser esclavo del cambio y de la impermanencia, el ego no puede decirte quién eres realmente. Empiezas a ver de reojo la verdad cuando te das cuenta de que no importa lo mucho que cambie tu vida, algo se mantiene constante. Yo lo llamo un sentido del ser. Pocas personas hacen una pausa en sus apuradas vidas para percibir este compañero silencioso. No tiene nada que decir, porque tu sentido del ser sencillamente existe. Es tu ser. Las palabras sólo pueden describirlo como "Yo soy".

"Yo soy" no suena a gran cosa. No participa en tu historia personal. El "Yo" no elige la experiencia A o rechaza la experiencia B. No tiene gustos o aversiones. Nunca esperarías que hubiera un secreto escondido en el "Yo soy", pero lo hay. Gracias a tu sentido del ser, estás presente en todas partes. Tal como descubriste en la meditación maestra.

Estás presente en todo lo que ves. Intenta ver algo sin estar presente; no puedes. No puedes ni siquiera imaginarte a ti mismo sin estar presente. Trata de escuchar un sonido sin estar presente. De nuevo, no puedes. Abarcaste los cinco sentidos y la mente (son los seis hombres ciegos de la fábula india que habla de los seis ciegos y el elefante), y cada uno te muestra cuán presente estás en cada experiencia.

La razón por la que los hombres están ciegos en la fábula es porque a menos que experimentes la totalidad —el elefante—, los cinco sentidos y la mente no pueden concebir la realidad. Aquí es donde entra el paso 7. Las ondas que se expanden en todas las direcciones son las olas de la conciencia. Las olas suben y bajan, y la creación emerge en toda su riqueza y magnificencia. Estás presente en cada aspecto de la realidad que los seres humanos son capaces de percibir. Intenta imaginar la inexistencia. Trata de imaginar un tiempo antes de que nacieras, y un tiempo después de tu muerte.

Te darás cuenta de que esto es imposible, porque estás fusionado con los elementos que persisten eternamente. Tiempo, espacio, materia y energía, existen por miles de millones de años, pero eso no significa la eternidad. La eternidad consiste en dos cosas que no pueden cambiarse o eliminarse: existencia y conciencia. El verdadero tú es "Yo soy", porque esas dos pequeñas palabras expresan tu existencia y tu conciencia. Sin asomo de duda, *Tú sabes que tú eres.*

La meditación maestra cambia en la medida en que tú lo haces. Durante la meditación, muchos sentirán, por ejemplo, que el paso 1 es fácil y que están presentes en todo lo que ven. Los fotones, que conducen la luz, son invisibles. La luz en sí misma no es brillante. No tiene color. Así que a menos que estés presente en todo lo que ves, nada puede ser visto. Ni siquiera hay luz, colores o imágenes en el cerebro. No es el cerebro el que está viendo; eres tú.

Al despertar, esta verdad se volverá más íntima, personal y poderosa. Es posible que la mente divague. Cuando te repites: "No hay nada visible sin mí", tu ego podrá reaccionar. Dirá: "Ridículo. Por supuesto que las estrellas son visibles sin mí. Existen desde hace más de miles de millones de años antes de que yo naciera". Pero la meditación siempre encuentra una manera de darle la vuelta al ego. La próxima vez que te digas: "Nada es visible sin mí", tu ego no podrá burlarse. Quizá sólo dude y diga: "Mmm".

Así que las cosas no irán en línea recta, sino probablemente darán giros. Te confrontas con nociones que sacuden el ego, el "Yo" limitado, aislado, separado, con el que te has identificado desde el nacimiento. Por fortuna, el despertar es real. Te hace perder la fe en el ser limitado. El día llegará, quizá muy pronto, quizá con el tiempo, en que podrás decirte: "Nada es visible sin mí", y no te resistirás, dudarás, reflexionarás o te sentirás confuso o distraído.

Estarás maravillado. Piénsalo: todo el tiempo consideraste que eras un "Yo" diminuto e insignificante, que hacía todo lo posible para sentirte seguro, cuando todo el tiempo has sido la esencia misma de lo que puede ser visto. No importa qué tan microscópico seas, eres la conciencia de lo que hace que ver sea posible. No importa qué tan cósmico, eres la esencia de lo que hace que ver sea posible. En un momento asombroso, las vendas caen de tus ojos, la mente condicionada deja de aferrarse y te fundes silenciosamente con quien realmente eres.

Ésta es la cima de la experiencia humana. Ha estado entre nosotros durante toda la historia documentada. Me encanta explorar los ires y venires de la memoria, porque nada es más fascinante que develar el "Yo soy" y darme cuenta de que cada descubrimiento está contenido en él. Pero me maravilla más profundamente regresar a los místicos y poetas que han verbalizado el éxtasis. Ellos han ido más allá de la maravilla para vivir la dicha de la creación eterna.

Oh, Dios
¡He descubierto el amor!
¡Qué maravilloso, qué bueno, que hermoso es!
Ofrezco mi saludo
al espíritu de la pasión que excitó
y emocionó a todo este universo
y a todo cuanto contiene.

Ésa es la voz inconfundible de Rumi, pero en la vida despierta todos hablaremos con su voz. Él abre una ventana a quien realmente somos. El milagro, dormidos como estamos, es que percibimos la verdad cuando nos encontramos con ella. Una creación hecha de amor y pasión suena bastante humana después de todo. Debe ser así, porque somos la esencia de la creación, y nunca debemos olvidarlo.

AGRADECIMIENTOS

Este libro fue terminado durante los funestos meses de la pandemia mundial de covid-19, y más que nunca me siento agradecido con aquellos que se han convertido en mi familia extensa. Hay una conexión personal y un lazo de devoción con la Fundación Chopra y Chopra Global, mi editorial, y especialmente con mi editor de tanto tiempo, Gary Jansen, quien es extraordinariamente justo y astuto en nuestra colaboración. Carolyn Rangel es igual de extraordinaria en su incasable devoción. Gracias a todos de corazón. Mi esposa, Rita, y yo nos sentimos bendecidos al estar rodeados de hijos y nietos que nos son tan preciados hoy, como el día en que llegaron a este mundo. Que estos lazos sólo se fortalezcan mientras el mundo aprende a sanarse de nuevo.

ÍNDICE ANALÍTICO